권대봉 교수의 교육칼럼

교육대통령,
말은 쉽지만

박영사

머리말

젊은 가슴 숨은 생명 힘 넘쳐 뛰노나
이 힘이여 이 생명을 펼 곳이 어디냐
눌린 자를 쳐들기에 굽은 것 펴기에
쓰리로다 부리리라 이 힘과 이 생명
고려대학 고려대학 우리모교 고려대학

학창시절에 즐겨 불렀던 옛 교가입니다. 교수로서 기고하였던 글을
모아 교육칼럼집을 출간하면서 "눌린 자를 쳐들기에 굽은 것 펴기에"
제가 얼마나 기여했는지 반성하는 시간을 갖게 됩니다.

대학 동기생들이 미국과 독일에서 박사학위를 받아온 다음에, 33개
월간 군대를 다녀오고 8년간 직장생활을 한 제가 석사공부를 시작하려
고 하자 너무 늦었다고 말리는 분들이 많았습니다. 그렇지만 최전방
군대생활과 회사생활 경험은 조직행동과 조직개발은 물론 인적자원개
발 공부에 크게 도움이 되었습니다. 마케팅 업무는 조사방법 연구에,

요르단 해외건설현장 기능공들과 숙식을 함께하며 일했던 것은 일터 삶의 질(Quality of Work Life) 공부에 도움이 되었습니다. 기획조정과장을 하면서 영문저널을 분석하고 종합하여 보고서를 만든 것은 논문 작성에 도움이 되었고, 해외개발과장과 홍콩사무소장을 하면서 세계 각국의 기업인들과 교류한 것은 리더십 공부에 도움이 되었습니다.

Michigan Vocational Education and Career Education Resource Center에서 조교로 근무하면서 직업진로와 경력개발 연구를 시작하였고, 미시간주립대학교에서 조교수로 교직생활을 시작하면서 인적자원개발에 천착하였습니다.

기업의 인적자원개발 전략을 자문하다가 노동부 직업능력개발전문위원회 위원으로 활동하게 되었고, 교육부가 교육인적자원부로 개편됨에 따라 국가의 인적자원개발 정책을 자문하게 되었습니다. 교육인적자원부 주요업무평가위원회 위원장을 맡으면서 교육정책에 대해 본격적으로 탐구할 기회를 가졌습니다. 한국직업능력개발원(KRIVET) 원장으로 일하면서 교육과 일자리 노동시장의 미스매칭 현상을 해소하려고 노력했지만 역부족이었습니다. 국책연구기관장으로서 연구결과를 토대로 정책제안은 할 수 있었지만, 교육과 노동시장에 영향을 주는 정책결정은 할 수 없는 한계가 있었습니다.

아직도 대졸 청년들은 일자리가 모자라서 구직난을 겪고 있고, 중소기업들은 일할 수 있는 고졸 청년을 구하지 못해 구인난을 겪고 있습니

4

다. 제대로 된 일자리가 없어서 결혼과 출산을 연기하거나 포기한 젊은 이가 수두룩하여 매우 안타깝습니다. 일자리가 있어야 결혼을 할 수 있고, 결혼을 해야 출산을 할 수 있으므로 일자리와 연계된 교육정책이 절실히 필요해서 제자들과 함께 <일자리와 교육리더십>이란 책을 쓰기도 했습니다.

정부와 기업과 교육기관이 과학기술의 첨단화, 글로벌 사회화, 저출산 고령화에 적극적으로 대응해야 할 상황입니다. 인생 100세 시대를 맞이하여 학교교육뿐만 아니라 성인들을 위한 평생교육, 그리고 자유무역과 4차 산업혁명으로 인한 일자리의 지각변동에 대응할 수 있는 직업교육훈련의 중요성이 증대되고 있기 때문입니다.

미래 세대들이 바른 가치관, 즉 인간관·가정관·직업관·사회관·국가관·자연관을 정립하여 삶의 질을 제고하고 활기찬 일터에서 행복하게 살 수 있도록 도와줄 수 있는 정책이 필요할 뿐 아니라, 성인들이 평생학습을 통해 각자가 자아실현을 하고 존재가치를 발휘하여 인류사회에 공헌할 수 있도록 도와주려면 교육과 학습의 균형을 맞출 수 있는 정책이 추진될 필요가 있습니다. 학습자들이 배우고 본받을 수 있는 학(學)을 하면, 스스로 익히는 습(習)을 할 수 있어야 체화할 수 있기 때문입니다.

교육의 패러다임이 바뀌어야 할 시점에 이 책이 출판될 수 있도록 도와준 연구실 제자들과 출판사 관계자들에게 감사드립니다. 이 책에

5

실린 칼럼기고를 요청한 신문사와 담당기자들, 충고를 해준 친지들, 초고마다 비평의견을 내준 아내, 그리고 제가 사회를 했던 "대학의 이념과 비전에 관한 고려대학교 공개토론회" 내용을 이 책의 부록으로 싣도록 허락해준 고대신문사에 감사드립니다.

2018년 2월
운초우선교육관 703호 연구실에서
정암(淨巖) 권 대 봉

차 례

교육대통령,
말은 쉽지만

권대봉

자식에게 좋은 교육을 시키고 싶은 부모의 마음은 대통령이나 서민들이나 마찬가지다. 교육대통령 공약을 내걸었던 클린턴이 당선되어 백악관으로 이사를 하자, 외동딸 첼시가 어느 학교로 전학할지가 미국인들의 관심사였다.

경호상의 이유로 사립학교를 택했지만, 진짜 이유는 첼시가 배정받아야 할 공립학교의 교육환경이 열악하였기 때문이었다. 한국의 대통령 후보들도 자식교육만큼은 미국 대통령 못지않은 것 같다. 여당 후보의 아들은 외고 1학년 때 미국의 사립고교로 전학했고, 제1야당 후보의 아들은 한국에서 고교를 졸업했지만 대학은 미국에서 다녔다.

여당 후보는 공공성에 기반한 정부주도의 교육복지국가, 제1야당 후보는 자율성에 기반한 학교주도의 교육복지국가 건설을 각각 내걸었지만, 양측 모두 교육복지에서 가장 소외된 장애인과 연간 수만명에 달하는 중고교 중퇴생에 대한 대책이 빠져 있어 보완이 요구된다.

제1야당 후보의 '가난의 대물림을

교육대통령, 말은 쉽지만

끊고, 학생의 창의성을 개발'하려는 공약이 실현되려면 단위학교 자율경영체제가 필수적이다. 뉴질랜드처럼 시·군·구 교육청을 폐지하거나 교육지원센터로 전환해 단위학교에 인사권과 예산권을 부여해야 하며, 스웨덴처럼 학부모에게 학교선택권을 줘야 하고, 미국의 차터스쿨처럼 학생이 학교를 선택하지 않으면 폐교되는 제도가 도입되어야 가능하다.

여당 후보의 '2009년 고교 전면 무상교육, 초중고 급식비 전액 국가보조'라는 공약대로 가난하거나 부자이거나 상관없이 평등하게 무상 공교육을 실시하면, 부자들에게 사교육에 더 투자할 수 있는 여력을 주게 돼 교육양극화 해소가 어렵다. 네덜란드처럼 빈자의 자녀들을 위한 공교육비를 일반 가정의 자녀들을 위한 공교육비의 190% 정도는 투자해야 부모의 경제력과 상관없이 공정하게 경쟁할 수 있다.

여당 후보의 '외국어 무상 공교육 강화' 공약은 포괄적이어서 단위학교에서 구체화하는 것이 관건이고, 제1야당 후보의 '영어몰입교육' 공약은 영훈초등학교에서 성공한 교육방법이지만 전국적으로 시행할 경우 교원확보와 재원확보가 관건이다. 교육국제화에 대한 두 후보의 관심은 지대하지만, 한국교육이 국제적으로 통용될 수 있는 방안은 빠져 있어 보완이 요구된다.

제1야당 후보의 자율과 경쟁을 기조로 한 대학자율화 정책과 여당 후보의 연구-교육-직업 중심 대학 개편이라는 관(官)주도적 정책은 대조적이다. 어떤 경우든 지금처럼 대학을 지원하는 업무와 통제하는 업무를 동일한 부처가 관장하게 되면, 정부와 대학의 종속관계가 고착되어 두 후보의 공약은 성공하기 어렵다. 대학을 지원하는 부처와 대학의 책무성을 평가하는 부처가 달라야 국내 대학도 재정지원을 빌미로 대학을 통제하지 않는 선진국 대학과 경쟁할 수 있게 된다.

교육문제는 학교에 초점을 둔 정책만으로 해결할 수 없다. 고등학교만 졸업해도 행복하게 살 수 있는 실용적인 사회체계를 마련해야 국민이 교육고통으로부터 해방될 수 있다. 핵심 고급인력과 기반인력은 부족하지만, 대졸자의 공급과잉으로 청년실업이 가중됐고, 기업의 구인난과 취업희망자의 구직난이 공존하고 있는 상황을 타개할 수 있는 학교와 노동시장의 시스템 적합화정책, 고용정책을 아우르는 인적자원정책을 반드시 내놓아야 두 후보 모두 명실 공히 교육대통령 후보가 될 수 있다.

2007.11.02. 서울신문

15

교육 비정상의 정상화

대통령이 신년기자회견에서 '비정상의 정상화'를 강조했다. 천하에 도가 있을 때는 세상이 정상적으로 작동하지만, 도가 없을 때는 세상이 비정상적으로 작동한다는 내용이 맹자(孟子)의 이루장구(離婁章句) 상(上)편에 있다. "천하에 도가 있을 때는 소덕이 대덕에게 사역을 당하고 소현이 대현에게 사역을 당하나(天下有道 小德役大德 小賢役大賢), 천하에 도가 없을 때는 소인이 대인에게 사역을 당하고 약자가 강자에게 사역을 당한다(天下無道 小役大 弱役强), 이 두 가지는 하늘의 이치라 하늘의 이치를 따르는 자는 존재하고 하늘의 이치를 거스르는 자는 망한다(斯二者 天也 順天者存 逆天者亡)."

현정부의 교육공약은 "꿈과 끼를 키우는 행복교육세상"을 만드는 것이다. 모처럼 제대로 방향을 잡은 것이다. 핵심 정책수단은 자유학기제, 국가직무능력표준(National Competency Standards: NCS), 그리고 평생학습체제 구축이다. 비정상의 정상화 관점에서 보면 자유학기제는 학교교육의 정상화, NCS는 인력양성의 정상화, 평생학습체제는 인력활용의 정상화를 위해 각각 요구되는 정책수단이다. 수단은 수단이지 그 자체가 목적이 아님에도 불구하고 정부는 수단만을 너무 강조하고 있다. 달은 보지 않고 달을 가리키는 손가락만 쳐다보는 형국이다.

자유학기제가 학교교육의 정상화를 위해 기능하기 위해서는 교육과정과 입시제도의 개편이 필수적이다. 학생들의 꿈과 끼의 색깔이 서로 다른데, 현행 교육과정과 입시제도는 하나의 색깔만 갖도록 요구하고 있다. 교과 이기주의가 과도한 지식중심 교육과정으로는 창의력도 길러내기 어렵고, 학교의 교육정상화도 어려우며, 나아가 꿈과 끼를 살리기는 더욱 어렵다. 교육과정을 역량중심으로 바꾸고 평가도 역량중심으로 바꾸는 것이 대안이다.

자유학기제는 진로와 연계돼야 하고, 학교교육과 진로교육이 통합되는 방향으로 교육과정이 바뀌어야 한다. 교육과정 편성이 역량중심으로 바뀌는 것을 넘어 운영까지도 바뀌어야 하기 때문에 교사 스스로가 창의적인 역량을 갖추어야 한다. 따라서 교사 양성과 재교육 시스템이 역량중심으로 탈바꿈돼야 한다.

NCS는 산업계를 주도하는 인력양성체제를 만드는 것이 핵심이다. 그래야만 노동시장에서도 역량중심으로 인사관리체제를 만들어갈 수 있다. NCS는 대한민국의 교육과 노동시장 전반을 바꾸는 것이기 때문에 산업계와 교육계가 NCS를 토대로 인력 양성과 활용을 하겠다는 강한 의지를 표명하지 않으면 NCS 개발에 들어가는 노력만큼 그 성과를 거두기 어렵다.

NCS는 산업계의 니즈를 정확하게 반영하느냐가 성공의 관건이다. 호주는 각 산업계가 훈련 패키지를 포함한 NCS를 직접 만드는 데 비해, 한국은 정부기관이 만들어 주고 있다. 한국산업인력공단이 NCS를 만들면 한국직업능력개발원이 학습 모듈을 만들어 주는데, 혹여 산업계의 니즈를

정확하게 반영하지 못한 NCS를 만들면 제대로 된 학습 모듈을 만들기 어려운 한계가 있다. 정부는 산업계가 주도적으로 NCS 개발과 활용에 참여하지 않아 실패한 외국 사례를 타산지석으로 삼아, NCS 관련 제도를 산업계와 함께 바꾸는 정책적 노력을 기울여야 한다.

진정한 평생학습체제가 구축되려면 학습자가 NCS의 전문역량과 사회적 역량을 함께 기를 수 있어야 하고, 근로자가 노동시장에서 능력개발을 계속할 수 있는 계속교육시스템이 지원돼야 한다. 형식교육이 아닌 비형식학습과 무형식학습도 평가되고 인정받을 수 있어야 한다. 비정상을 정상으로 바꾸는 것은 나라의 도를 바로 세우는 것이다. 나라의 도를 바로 세우려면 교육의 비정상부터 정상으로 바꾸어야 한다. 교육정상화라는 하늘의 이치를 따르는 자는 살아남고 거스르는 자는 망하는 교육혁명의 그랜드 디자인이 필요하다.

2014.01.20. 헤럴드경제

1년 전 4차 산업혁명 시대를 선언했던 세계경제포럼이 올해 회의에서 "4차 산업혁명 여파로 앞으로 3년간 컴퓨터·수학·건축·엔지니어링에서 200만 개 일자리가 증가하고 사무직·관리직·비숙련제조업에서 710만 개가 감소한다"고 전망했다. 일자리 사정이 나라마다 다를 것이므로 개인과 학교와 기업과 정부 차원의 대응이 필요하다.

우선 개인 차원의 대응이다. 직업에 대한 철학이 있어야 4차 산업혁명의 물결을 타며 살 맛 나는 세상을 살아갈 수 있다. 김인 삼성SDS 고문은 "의식주 시대가 가고 의식주폰의 시대가 왔다"고 말한 적이 있다. 실제로 스마트폰으로 이세돌과 알파고의 바둑게임을 시청하던 한국인들은 4차 산업혁명을 실감했다. 4차 산업혁명이 진행되면 일자리 시장에 지진이 일어나고 평생직장에서 평생직업으로 패러다임이 바뀐다. 평생직장은 정년을 보장받고 평생 한 곳에서 일하는 직장이며, 평생직업은 직장을 이동하며 평생 일을 하는 직업이다. 평생직업을 갖는 일은 결

교육청·교과서 폐지한 뉴질랜드처럼 창의적 자율교육을

국 개인의 몫이므로 일터에서 요구하는 역량과 더불어 확고한 직업철학을 갖춰야 한다.

로먼 크르즈나릭은 『일에서 충만함을 찾는 법』에서 벨기에의 29세 된 로라 반 보슈가 최적의 직업을 찾기 위해 1년간 여러 가지 직업에 도전하는 사례를 소개했다. 보슈는 패션 사진작가, 숙박업체 리뷰작가, 광고회사 창의 디렉터, 고양이 호텔 대표, 유럽의회 의원, 재활용센터 대표, 유스호스텔 대표를 거쳤다. 1년이 지난 뒤엔 음악행사 프로그램 기획 아르바이트로 생활비를 번다고 했다. 그녀는 "새로운 직업에 도전할 때마다 자기가 기대했던 기준과 일치하는 직업은 없었다"고 고백했다. 직업철학이 없고 직업을 고르는 조건만 저울질했기 때문이다.

직업을 고르는 기준은 사람마다 다를 수 있다. 생계유지가 가능한 일, 재능을 잘 발휘할 수 있는 일, 좋아서 즐길 수 있는 일, 사회 관계망을 얻을 수 있는 일, 지위와 권력을 얻는 일, 나라를 위하는 일, 그리고 보다 좋은 사회를 만드는 데 공헌하는 일이다. 모든 기준을 충족시키는 직업을 얻기는 어렵지만 직업철학이 뚜렷하면 자기에게 적합한 직장을 찾아서 평생직업을 가질 수 있다.

학교도 교육혁명으로 대응해야 한다. 세계경제포럼은 4차 산업혁명 시대에 직업인이 갖춰야 할 5가지 역량을 '비판적 사고, 문제해결, 창의, 협업, 디지털 문해'라고 제시했다. 여기에 인문학적 소양과 직업철학과 학습능력을 추가하고자 한다. 학교는 학생이 사회에 진출해 직업세계 변화에 대응할 수 있도록 문·사·철과 문화예술교육으로 인문학 소양을 길러주고, 도전적 기업가 정신을 익힐 수 있는 교육을 제공해야 한다. 달달 외워서 정답을 찾는 객관식 평가로는 창의력을 기를 수 없다. 주입식 교육방법은 탐구식 교육방법으로, 암기식 학습은 자기주도적 협동학습으로, 객관식 평가는 주관식 평가로 바꿔야 한다. 교육내용과 방법과 평가를 바꾸는 혁명이 필요하다.

다음으론 기업 차원의 대응이다. 무엇보다 창의적인 원천기술을 개발해야 고용을 유지하고 확대할 수 있다. 한국 기업이 원천기술을 외국 기업에 의존하는 한 4차 산업혁명의 대열에서 낙오할 가능성이 크다. 원천기술이 없는 한국 기업에서 근로자가 열심히 일해 매출을 올릴수록 원천기술을 보유한 외국 기업의 근로자가 더 큰 보상을 받는 패러독스를 깨야 한다. 기업이 창의적인 원천기술을 개발하려면 직원이 창의성을 발휘할 수 있도록 자유를 줘야 한다. 3M의 기술직 직원들은 근무시간의 15%, 구글의 엔지니어들은 근무시간의 20%, 코닝의 연구자들은 근무시간의 10%를 자유롭게 사용해 원천기술을 개발했다. 한국 기업들도 자유를 줘 직원들의 창의성을 이끌어낼 방안을 강구해야 한다.

정부는 학교와 기업이 4차 산업혁명에 대응하도록 자율을 돌려줘야 한다. 기업과 학교가 창의적으로 운용될 수 있도록 도와주라는 것이다. 과거 산업화 시대에 산업정책과 대학정책을 주도했던 관성에서 벗어나 지능정보 시대에 맞게 민간 주도 개혁을 지원하는 방향으로 선회해야 한다.

뉴질랜드는 학교가 자율적으로 교육할 수 있도록 교육청을 폐지했고 교사가 역량 위주의 교육을 창의적으로 할 수 있도록 교과서를 폐지했다. 4차 산업혁명이 시작되기 전에 교육혁명을 단행했다. 인구 500만 명 규모인 뉴질랜드가 '교육부-교육청-학교' 구조를 '교육부-학교'로 바꿨으면, 인구 5000만 명 규모의 한국도 '교육부-광역교육청-교육지원청-학교' 구조를 개혁해 학교의 창의적 자율교육을 도모할 필요가 있다.

몇몇 대선주자가 교육부를 해체하고 초당파적인 국가교육위원회를 설치하겠다는 공약을 발표했다. 핀란드 국가교육위원회를 벤치마킹한 것으로 보인다. 핀란드는 교육문화부와 국가교육위원회로 역할을 나누어 책임지고 있다. 핀란드 교육문화부는 교육훈련 분야의 최고 행정기관이며,

정책과 법률과 예산에 관한 책임을 지고 있다. 핀란드 국가교육위원회는 영유아 교육과 돌봄, 유치원교육, 초·중 통합 기초교육, 일반고등학교와 직업고등학교 교육, 성인교육과 직업훈련을 담당한다. 전문대와 대학교육은 교육문화부의 책임이다.

한국에서 초당파적인 국가교육위원회를 설치하려 한다면 이는 청년의 교육·고용·복지 문제를 복합적인 차원에서 해결한다는 것에서 접근해야 한다. 유직결혼(有職結婚) 무직비혼(無職非婚) 시대에 청년은 직업이 있어야 결혼하고 출산하며 육아를 할 수 있기 때문이다.

정부는 우선 국무조정실급의 4차 산업혁명대책실을 설치해 청년 문제를 종합적으로 해결해야 한다. 성인들은 직업 전환과 직장 이동이 쉽도록 일하다가 공부하고, 공부하다가 일할 수 있게 학교가 울타리를 개방해야 한다. 교육과 일자리 관련 부처를 재구조화해 '평생교육·평생직업체제'를 수립하자는 것이다. 영국과 덴마크는 6개월 동안 직업을 갖지 못하는 청년들에게 의무적으로 직업 재교육을 한다. 청년실업 해소를 위해서다. 네덜란드는 청년 취약계층을 대상으로 맞춤형 직업 재교육을 제공한다. 개발도상국 공적 원조 때 청년에게 직업 재교육을 해 해외 취업과 연계시키는 프랑스도 있다. 이런 정책에 주목해야 한다.

2017.01.27. 중앙일보 중앙선데이 516호

자율과 창의교육이 성공하려면

타율로서는 창의교육이 어렵다. 지난 3월20일 교육과학기술부가 자율과 창의교육을 위해 2012년까지 자율형 사립고 100개를 만들겠다고 대통령에게 보고하였다. 모든 학교는 당연히 자율이어야 하는데 구태여 자율형이라는 수식어를 동원하는 것을 보면, 다른 학교는 모두 타율적으로 운영될까봐 걱정된다.

학교 다양화를 통한 공교육 정상화를 도모하기 위해선 수평적 다양화와 수직적 다양화를 동시에 추진하는 게 바람직하다. 수평적 다양화란 자율형 사립고 이외의 절대 다수 고등학교들이 저마다 특색을 살려 다양한 교육을 할 수 있도록 교육과정 자율권을 부여하는 것이다.

수직적 다양화는 고교는 물론 초등학교와 중학교도 다양화하는 것이다. 중학교 때까지 다양한 교육기회를 부여하지 않다가, 고교 단계에서 갑자기 다양화하게 되면 부작용이 발생할 우려가 있다. 자율형 사립고를 비롯한 다양한 형태의 고교에 입학하기 위한 과열 현상도 문제이지만, 더 큰 문제는 고교 3년만으로는 자율과 창의교육이 부족하다는 데에 있다.

초·중·고 다양화를 위해서는 핀란드와 캐나다, 그리고 미국의 경우를 참고할 필요가 있다. 핀란드는 초등 및 중학과정을 통합해 운영한다. 초·중등 통합과정을 9년만에 마치지 못하는 학생들은 1년 더 공부할 수 있다. 무학년제로 운영해 학생의 역량에 맞도록 수준별 학습을 실시해 공교육의 질 관리를 하는 것이 특징이다.

캐나다의 일부 지역은 유치원에서 7학년까지 초등학교 과정, 8학년에서 12학년까지 중·고등과정을 통합운영하기 때문에 고교 입시가 없다. 캐나다 통합중등학교는 모든 학교가 특화돼 있고 특수목적 학급인 미니스쿨을 개설하고 있다. 미니스쿨은 학생들의 성취수준에 의해 진입과 퇴출이 가능하도록 개방돼 있다. 미국에는 초·중·고가 온전하게 자립적이고 자율적인 사립학교가 있는가 하면, 공립학교도 수학 과학 예술 체육 외국어 등을 특화해서 가르치는 마그넷 스쿨과 일반 공립학교가 있어서 학생들이 선택할 수 있도록 다양화되어 있다.

학교의 다양화뿐만 아니라 교육방법과 평가방법도 다양하게 변해야 한다. 한국과 미국의 고등학교를 모두 다녔고 버클리 대학을 졸업한 뒤, 실리콘 밸리에서 7년째 일하고 있는 강기련씨에게 한국과 미국 고교의 차이점이 무엇이냐고 물어보았다. 모든 과목을 다 잘해야 하는 한국 고교와 달리, 교과과목 선택의 폭이 크기 때문에 모든 학생들이 자기의 강점을 살릴 수 있는 장점이 있다고 하였다.

전과가 있으면 학교숙제를 할 수 있는 한국과 달리 독창적인 자기 생각을 쓰고 말하고 나누지 않으면 숙제를 할 수 없는 것이 차이점이라고 밝혔다. 강씨가 실리콘밸리에서 일을 하면서 느끼는 것은 근면성은 한국인이 앞서지만 창의력은 미국인들에게 뒤진다는 것이다, 고등학교 때만의 창의력 교육으로는 부족하다는 설명이다. 미국인들이 원천기술을 많이 확보하고 있는 이유는 전적으로 초·중·고의 일관된 자율적 창의교육에 기인한다.

학교의 교육과정 자율권은 학생의 교과목 선택권으로 이어진다. 그렇게 되면 남에게도 선택할 여지를 줄 수 있게 되고, 남의 선호를 인정해주는 가운데 다양성을 받아들이는 문화가 자연스럽게 정착된다. 하나만이 아니라 여러 종류를 인정하는 학교문화 속에서 창의가 싹틀 수 있는 토양이 형성된다.

창의력은 원천기술 획득의 원천이다. 지금처럼 한국이 핵심기술을 외국에 의존하는 한, 한국 기업이 열심히 일하여 수출하면 할수록 핵심기술보유국은 앉아서 국부창출을 하고, 한국은 거꾸로 국부유출을 한다. 원천기술을 개발하려면 창의교육이 필수적이다. 자율과 창의교육이 성공하려면 자율형 사립고뿐만 아니라 모든 초·중·고등학교에 교육과정 자율권을 허용해야 한다.

2008.03.29. 서울신문

학교 자율 없이는
創意교육 어렵다

학교의 자율을 저해할 우려가 있는 조례는 폐기해야 한다. 그리고 학교 자율 없이는 창의(創意)교육이 어렵다. 학교를 타율로 묶어 놓고 창의성을 함양할 수 있는 학교의 쇄신을 기대하는 것은 연목구어(緣木求魚)나 다름없기 때문이다.

대통령은 취임하자마자 지난달 중순에 학교를 방문, 창의교육을 통한 학교폭력 예방을 요구하고 창의교육이야말로 창조경제의 근원이라고 강조했다. 그런데 교육부 장관과 교육감이 머리를 맞대고 지역 사정에 맞게 창의교육을 실천할 방안을 찾는 모습을 보이기는커녕, 중앙과 지역의 교육 권력이 지난 정부에 이어 새 정부에서도 갈등 구도를 보이고 있다. 매우 안타깝다.

권력은 국민과 국가를 위해 균형 있게 사용하는 것이 온당하다. 권력의 원래 의미는 균형을 이루는 힘이다. 권력의 '권(權)'은 본래 저울에 걸어 무게를 재는 저울추(錘)를 나타내는 말로, '칭(秤)'이라고도 한다. 중국 삼국시대 오나라를 세운 손권(孫權)의 이름인 '권

(權)'자 대신에 '칭추(秤錘)'라고 쓴 것에서 비롯됐다.

국민이 위임한 권력의 저울추가 한쪽으로 지나치게 기울어지면 균형이 깨진다. 학교의 비리와 부정을 예방하겠다고 각종 조례를 통해 교육청이 너무 권력을 행사하게 되면 학교의 자율은 위축될 수밖에 없다. 모든 비리와 부정에 대한 척결(剔抉) 업무는 사정(司正) 당국의 몫이다. 학교라고 해서 결코 예외일 수 없다. 공립이든 사립이든 학교의 비리와 부정은 사정 당국의 몫이다.

교육부와 교육청의 몫은 인성교육을 통한 학교폭력 예방, 창의교육을 통한 창조경제의 기반 조성, 일자리 연계 교육을 통한 청년실업 문제 해결 등 산적한 교육 현안을 제대로 해결하는 것이다. 교육 권력이 학교 위에 군림하려 하지 않고, 중앙과 지역의 책임자가 서로 만나 산적한 교육 현안을 해결하고 공교육 정상화를 위한 대화를 진솔하게 할 의향은 없는지 국민은 궁금해 한다. 사전 조율을 거치지 않고 공식적인 전체 시·도교육감 회의를 통해 교육부 장관이 교육감의 협력을 이끌어내기는 쉽지 않다.

그렇지만 교육감을 개별적으로 찾아가서 교육 현안을 해결하려는 자세를 보인다면 달라질 수도 있다. 교육부와 교육청이 협력할 수 있도록 청와대 교육문화수석도 일정 역할을 보여주는 것이 바람직하다. 교육부와 교육청이 협력해야 하는 명분은 교육 현장에서 찾을 수 있다. 장관이나 수석이 교육감과 함께 학교 현장에 가서 교사, 학생들과 소통한다면 답이 나올 것이다. 모든 문제의 답은 현장에 있다.

교육청의 협력 없이 교육부의 정책이 성공하기 어렵다. 국가 뿌리산업의 중추인 고졸 기능인력이 부족해 외국인 근로자 100여만 명이 일자리를 차지하고 있지만, 대졸 청년 실업 문제는 심각하다. 이 문제를 근원적으로 풀기 위해 교육부는 진로직업 체험을 할 수 있는 자유학기제를 중학교에 도입하려고 한다. 자유학기제 도입을 위해서는 일선 학교가 교육청의 감

독 아래 있기 때문에 교육청의 협력이 긴요하다.

지식사회에서 창조경제의 핵심인 창의성을 키우려면 공립이든 사립이든 학교의 자율을 보장해야 한다. 유럽의회는 2009년을 '창의와 쇄신의 유럽의 해(European Year of Creativity and Innovation)'로 제정할 수 있도록 2008년에 제안했다. 유럽이 초·중·고·대학과 성인교육 기관의 모든 교육 단계에서 자율을 바탕으로 교육과 훈련의 쇄신을 통해 미래 성장을 위한 창의력을 함양하고 있음을 직시하고, 한국의 교육부와 교육청도 상호 협력해 교육기관의 자율을 철저히 보장해야 한다.

2013.04.10 문화일보

학교 자율화, 기왕 하려거든

며칠 전 '포럼 굿 소사이어티'라는 모임에서 '한국 교육 60년의 반성과 선진화 기본과제'를 발제하자, 학술원 회원인 원로 사회학자가 "역대 정부가 전인교육과 창의교육을 추진하였지만, 왜 한국 교육은 입시교육에 매몰되었는가?"라는 질문을 던졌다. 교육문제의 정곡을 찌르는 질문이었다.

전인교육과 창의교육을 하기 위해서는 선진국처럼 국가의 교육과정 결정권을 최소화하고, 단위학교의 교육과정 운영권을 최대화해야 가능하다. 한국의 교육과정 결정권은 정부가 독점해왔고 모든 입시에 반영되어 왔기 때문에, 단위학교가 전인교육과 창의교육을 할 수 있는 여지가 없었다. 게다가 대학을 향해 한 줄을 세우는 사회문화적 구조 때문에 학교는 입시교육에 매몰되었고, 역대 정부의 교육정책도 입시정책에 함몰되고 말았다.

학교가 타율에서 자율로 바뀌려면 철학이 바뀌어야 하고 인프라가 깔려야 한다. 중앙 정부와 시·도 교육청, 그리고 단위학교가 자율 철학을 공유하지 않으면 교육현장에 자율의 뿌리

를 내리기가 어렵다. 즉, 전인교육과 창의교육을 위한 자율화라는 철학을 공유하지 않으면 자칫 입시교육 자율이라는 함정에 빠질 우려가 있다. 정부의 '4·15 학교 자율화 방침'이 교육선진화의 올바른 방향이지만, 안타깝게도 입시교육에 매몰되는 조짐을 보이고 있는 것은 이와 무관하지 않다.

자율화를 위한 인프라 구축은 한 줄 세우기식 모노레일 구조를 여러 줄 밟기가 가능한 멀티트랙 체제로 바꾸는 것에서 시작한다. 그렇게 하려면 국가 교육과정을 최소화하여 단위학교에 교육과정 자율권을 최대한 보장하고, 정부는 학교가 책임 있게 이를 수행하도록 교육의 질 관리 시스템을 구축해야 한다. 독점적이고 획일적인 국가 교육과정의 틀을 깨야 단위학교가 다양화하고, 학생이 저마다의 소질과 특기를 살릴 수 있는 선택권과 연결되어야 획일적 평등주의를 벗어난 특색 있는 교육을 받을 수 있어서 여러 줄 밟기가 가능해진다.

다음으로 인사권과 예산권이다. 교장에 대한 인사권은 교육감이 갖되 단위학교 인사권과 예산권은 교장에게 부여해야 자율적 책임경영이 가능하다. 선진국의 공립학교는 대부분 단위학교가 인사권을 갖고 교사를 학교별로 채용하기 때문에 단위학교 책임경영에 교사가 동참하는 구조이다. 이 때문에 개별적인 교원평가는 학교의 몫이고, 교육청은 학생들의 학업성취도와 향상 정도를 학교평가의 주요 항목으로 사용하여 개별 학교의 재정지원 규모는 물론, 존폐문제까지 결정하여 교육의 질을 높이고 있다.

그러나 한국의 공립학교는 교육청이 인사권을 갖고 교사를 선발하여 배정하고 순환배치를 하고 있다. 정부는 학생들의 성취도를 반영한 학교평가를 하지 않고, 교원능력 개발을 위한 개별적인 교원평가를 실시하려고 하지만 그나마도 교원단체의 반대로 주춤거리고 있다. 학교가 변하려면 구성원이 변해야 하고, 구성원이 변하려면 단위학교가 책임을 지는 자율 인프라가 필요하다. 학생의 학교선택권을 보장하여 기피학교는 퇴출되도록 하는 혁신적인 조치가 필수적이다. 그러기 위해서는 예산권 역시 교육청이 아닌 학교의 몫이 되어야 한다.

중앙정부가 초·중등 교육행정을 16개 시·도 교육청과 학교의 자율에 맡기겠다고 했지만, 교육감이 학교자율화의 핵심 3권인 교육과정권, 인사권, 예산권을 지금처럼 보유하는 것은 교육선진화의 걸림돌로 작용할 것이다. 바다에 들어가야 진주를 캘 수 있다. 하지만 진주를 캐려는 목적과 도구 없이 무작정 바다에 뛰어들면 실패한다. 자율이라는 바다에 뛰어들어 전인교육과 창의교육이라는 진주를 캘 수 있는 철학과 인프라를 갖추어야 교육 자율화 정책이 성공할 수 있다.

2008.05.06. 조선일보

학교자율화는 교육선진화의 첫걸음

교육과학기술부가 4월 15일 '학교자율화 3단계 추진계획'을 발표했다. 초·중·고교 교육행정 업무를 중앙정부가 더 이상 통제하지 않고 각 시·도 교육청과 학교에서 자율적으로 결정하도록 했다. 자율에는 책임이 따른다. 시·도 교육청과 학교의 자율 역량이 시험대에 올랐다.

자율교육을 해야 창의교육이 가능하다. 한국 기업들이 한 해 약 5조원을 외국에 로열티로 지불하는 이유는 원천기술을 가지지 못했기 때문이다. 원천기술 확보를 위해서는 초등학교부터 대학까지 일관된 창의교육이 필수적이다. 창의교육은 타율로는 불가능하다. 자율교육이라야 가능하다.

창의교육이 필요한 이유가 또 있다. 4월8일 한국인 이소연 박사가 러시아의 소유스 우주선을 탔다. 우주선 발사 당일 서울시청광장에서 대통령은 한국인의 우주 비행이 "우주 선진국을 향한 드림 스타트"라고 축하했다. '드림 스타트'가 현실화하려면 한국 교육이 선진화해야 한다. 우리 교육이 선진화하려면 관치 통제교육의 패러다임에

서 민치 자율교육의 패러다임으로 바꾸는 것이고, 학교 자율화 3단계는
교육 선진화의 첫걸음이다.

정부의 학교 자율화 조치에 대해 교육 현장 안팎에서는 기대와 우려가
엇갈리고 있다. 학교가 자율화하면 학교 간 교육의 질 경쟁이 불가피해진
다. 공교육이 부실한 상태에서는 부모의 경제력과 정보력에 의해 교육의
부익부 빈익빈(富益富貧益貧) 현상이 심해지는 폐해가 있지만, 학교 간에 교
육의 질 경쟁을 하게 되면 사교육 필요성이 줄어들어 공교육을 통해 가난
의 대물림을 끊을 수 있는 효과를 기대할 수 있다. 문제는 학교가 사교육
이 필요 없을 정도로 질 높은 교육을 제공하는 데 달려 있다. 질 높은 교
육을 학교가 제공한다면 굳이 따로 사교육을 받을 이유가 없기 때문이다.

학부모가 신뢰할 수 있는 학교를 만드는 것은 학교의 몫이다. 학생들이
나 학부모의 입장에서 보면 학교에서 공부하고 친구들과 뛰어놀고 집에
서 쉬고 잠자는 것이 정상적인 생활이다. 학부모와 학생들이 정상적인 생
활을 할 수 있도록 학교가 변해야 한다. 어떤 경우에도 학교는 학생을 위
해 존재해야 한다. 어른들의 갈등으로 인해 학생들의 인권과 학습권이 훼
손되는 일이 없도록 해야 한다.

자율화 방안에는 교원 인사권이 교육감에게 전면 위임되는 내용도 있
다. 현재도 교원 인사권을 실질적으로 행사하는 사람은 장관이 아니라 교
육감이다. 교육감은 교장에 대한 인사권만 행사하고, 교장이 교사에 대한
인사권을 행사하도록 발전해야 단위학교 책임경영 체제가 확립돼 자율교
육을 할 수 있다.

학교가 지역 교육청으로부터 받는 공문이 연간 5000여건 정도라고 하
는데, 교육과학기술부에서 교육청으로 초·중등 교육행정이 이양돼도 이
런 관행이 계속된다면 학교자율화는 실질적으로 어렵게 된다. 학교가 제
대로 자율화되려면 단위학교 책임경영 체제가 확립돼야 한다. 그러기 위

해서는 지역 교육청의 역할이 통제에서 지원으로 재조정돼야 한다.

학교의 자율은 교육과정 자율이 우선돼야 한다. 교육과정이 자율이 되면 학교별로 특화할 수 있는 교육을 실시할 수 있다. 그러기 위해서는 모든 학생을 한 줄로 세우는 모노레일(mono-rail)식인 '6-3-3-4'의 단선형 학제를 바꾸는 것을 검토해야 한다. 청년실업이 증가하고, 특히 고용 없는 성장과 고등교육 공급 과잉으로 인해 대졸 청년실업이 사회 문제가 되고 있는 상황에서 모든 학생을 대학을 향해 한 줄로 세우는 현재의 교육 시스템을 바꾸지 않는다면, 자칫 학교자율화는 입시 준비에 밀려 창의교육을 해칠 우려가 있다. 학생의 소질과 특기에 따라 여러 줄을 밟을 수 있도록 멀티 트랙(multi-track) 체제로 학제를 바꾸고 사회적 고용 구조도 함께 바꾸는 정책적 검토가 요구된다.

2008.04.17. 문화일보

차기정부는 학습자의 학습권 보장·학교의 자율권 보장·정부의 책무성 이행의 원칙을 담은 교육정책을 펴주기를 주문한다.

첫째, 학습자에게는 학습권 보장을 위한 선택의 자유를 주자. 1948년에 공포된 유엔인권선언은 제26조 3항에서 "부모는 자녀에게 제공되는 교육의 종류를 선택함에 있어 우선권을 가진다"고 명시하고 있다. 학습권보장을 위한 교육선택권은 인권이기도 하지만, 공교육이 만족되고 사교육을 줄이는 첩경이기도 하다.

초등학교와 중학교에서 다양한 교육을 받을 수 있도록 학교별로 특화되어야 하고, 지금과 같은 강제배정이 아니라 근거리 통학을 할 수 있는 범위 내에서 학교를 선택할 수 있어야 한다. 고등학교도 평준화된 일반계고등학교, 특정 종교학교, 특목고, 특성화된 전문고, 자립형 사립고, 자율형 공·사립고, 대안학교 등에서 선택할 수 있어야 한다.

평준화된 일반계고등학교 안에서도 특수목적학급을 설치하여 선택할 수

차기 정부에 바라는 교육정책 방향

있고, 수월성 교육을 받을 수 있도록 과목별·수준별로 선택할 수 있는 자유를 줘야 한다. 기숙형 학교를 선호하거나 엘리트 교육을 받고 싶은 학생에게는 그러한 학교를 제공하고 그들이 선택할 자유를 주어야 한다. 선택의 자유를 주려면 국민들의 서로 다른 요구를 충족시킬 수 있도록 교육체제가 변화해야 된다.

선택할 수 있는 다양한 학교가 있어야 선택권을 행사할 수 있다. 선택할 학교가 없거나 적다면 유엔인권선언이 명시한 선택권은 그림의 떡이다. 학생이 가고 싶어 하는 학교를 많이 만들고, 가고 싶지 않은 학교를 가고 싶은 학교로 바꾸거나 폐지하는 것이 세계적인 추세이다.

둘째, 학교의 자율권 보장을 위한 단위학교 책임경영제체를 확립하자. 학교가 변화해야 교육이 변화할 수 있다. 학교가 변화하려면 교사가 변화해야 하고, 교사가 스스로 변화하도록 유도하려면 교사의 권위가 회복되어야 한다. 교사의 권위가 회복되고 교권이 존중되려면 타율로는 한계가 있다.

교사가 존중받으려면 모든 학교에 교육과정자율권을 주어 한국교육이 국제적으로 통용될 수 있도록 지원하여야 한다. 뉴질랜드는 1988년 중앙집권적인 교육부 권한을 개별 학교로 이관하는 혁명적인 조치를 단행했다. 지역교육청을 폐지하고 그 기능을 개별 학교로 이양해 단위학교별 자율경영체제를 성공적으로 수립했다. 한국의 학교들이 자율성을 확보하려면 뉴질랜드와 유사한 조치가 필요하다. 지역교육청을 폐지하거나 교육지원센터로 전환하는 것이다.

어떤 학교든 자율을 주고, 선택은 학습자에게 맡기며, 정부는 학교의 책무성을 감독하면 될 것이다. 대학 입시의 경우, 국가가 꼭 수능을 관리해야 할 이유는 없다. 대학입시 문제를 대학자율에 맡기거나 혹은, 대학교육협의회와 전문대학교육협의회가 자율적으로 결정하도록 일임하면 될 것을 정부가 매년 수능 때문에 혼란을 자초하고 있다. 현행 수능등급제 제도를 유지하는 한, 앞으로도 수능 문제로 교육계가 혼란에 빠지지 않는다고 보장할 수 없다.

셋째, 정부는 책무성 이행을 철저히 하여야 한다. 학교의 책무성이란 교육의 책임뿐만 아니라 책임을 받은 교육의 결과를 보고하는 책임까지를 포함하는 것이다. 정부는 학교가 형평성을 도모하면서 수월성 교육을 할 수 있도록 정규수업시간에 과목별·수준별 이동식 수업 실시를 유도하여 교육의 질 관리를 도모할 수 있는 정책을 펴야 한다. 학생들이 방과후 사교육을 찾는 이유는 자기 수준에 맞는 공부를 보충하기 위함이다. 공교육에서 자기 수준에 맞게 학습할 수 있도록 교육정책을 편다면 사교육비는 줄어들 수 있다.

2007.12.28. 서울경제신문

교육, 학생 수준별 '맞춤 교육'이 본질이다

대통령 당선자의 교육공약은 다양한 고등학교 교육과 대학 입시의 자율화로 집약된다. 당선자 공약 중 '고교 300 프로젝트'는 기숙형 공립고교 150개, 마이스터 고교 50개, 자율형 사립고 100개를 설립하겠다는 것이다. 기숙형 공립고교는 농어촌 지역과 중소도시, 대도시 낙후지역에 설립하는 학교이며, 마이스터 고교는 졸업 후 취학과 진학의 가능성 열려 있는 일종의 특성화 고교다. 자율형 사립고는 엘리트 교육과 창의적인 교육을 지향한다.

이 같은 '고교 300 프로젝트'가 성공하려면 학교의 수평적 조화와 수직적 다양화가 필수적이다. 수평적 조화를 위해서는 300개 고교에 해당되지 않는 전국의 나머지 일반계 고교가 개선될 수 있는 방안이 나와야 한다. 예를 들어 핀란드의 공교육 모델을 참고할 만하다. 핀란드는 무(無)학년제도로 학생의 수준에 맞는 맞춤식 교육을 하고 있기 때문에 사교육 없이 공교육만으로 세계 최고의 교육을 하고 있다.

수직적 다양화를 위해서 고교는 물론 초등학교와 중학교 그리고 대학을 다양화하여야 한다. 미국의 마그넷스쿨(수학·과학기술·예술 등을 특화해 가르치는 공립학교)처럼 고등학교는 물론 초·중학교도 다양화되어야 고등학교 단계에서 과열현상을 예방할 수 있다.

당선자의 교육공약은 또 영어로 수업할 수 있는 초·중등교사 1000명을 새로 뽑고 현직 영어교사 2000명을 재교육해 영어수업이 가능한 3000명을 확보하겠다는 것이다. 또 국제교육특구를 도입하고 대학 입시를 3단계로 자율화한다는 것이다.

하지만 국제교육특구가 도입될 경우 특구지역에만 교육적 효과가 나타날 수 있다는 문제가 있다. 때문에 근본적으로 전국의 초·중학교를 다양화할 수 있는 방안이 나와야 한다. 그렇게 해야 조기유학생이 줄어 들고 탈(脫)학교 현상을 예방할 수 있다.

2007.12.28. 조선일보

단위학교가 중심 되는 정책 펴길

공교육이 어떻게 변하면 좋겠느냐고 학생, 학부모, 교사, 교장, 그리고 고용주에게 각각 물어보면 이런 대답을 할 것 같다. 초등학생은 "학교에서 공부하고 운동하며 친구와 실컷 뛰어 놀고 싶다." 중학생과 고등학생은 "학교에서 공부와 운동은 물론 진로지도를 받고 싶고, 집에서는 잠을 실컷 자고 싶다." 대학생은 "취업 걱정 없이 공부할 수 있으면 좋겠다." 학부모들은 "사교육 없이 공교육만으로 만족할 수 있는 교육이 필요하다." 교사와 교장은 "교육자의 마음을 얻을 수 있는 교육정책이라야 성공할 수 있다." 고용주들은 "사람은 많은 데, 사람을 찾기 어렵다. 쓸 만한 인재를 교육시켜 달라."

소박한 바람이지만 학교 위에 군림하는 정부에는 기대하기 어려운 것들이다. 때마침 군림하는 정부가 아닌 섬기는 정부가 출범하기 때문에 기대가 된다. 국민을 섬기려는 새 정부의 출범을 진심으로 축하하면서 국민과 함께 새 정부가 성공하기를 간절히 바라는 마음이다. 국민을 섬기는 것이 교육에서 현실화되는 것은 학교를 섬기는 정부이다.

학교가 정부로부터 섬김을 받으려면 정부는 물론 학교의 변화가 불가피하다. 타율에 길들여진 학교가 하루아침에 자율로 바뀌는 것은 쉽지 않다. 자율 없이 창의적인 교육은 불가능하다는 것을 알고는 있지만 실천하는 것은 어렵기 때문이다. 자율은 책임을 동반한다. 교육자의 마음을 얻으려면 단위학교가 자율적 책임경영을 할 수 있는 시스템을 구축해야 한다. 아울러 교장과 교사의 교육적 권위가 바로 서야 한다. 과거정부들이 권위주의와 권위를 혼동해 교장과 교사의 권위를 무너뜨린 것은 잘못이다.

대통령이 지향하는 창조적 실용주의 교육정책이 국민의 소박한 소망을 충족시키려면 교육행정의 피라미드가 바뀌어야 한다. 창조적 실용주의 교육정책은 현장성을 기반으로 해야 유형·무형의 가치를 창출하고 성과를 도출할 수 있다. 그 현장의 출발점은 단위학교라야 한다. 단위학교가 중심이 되는 지원정책이 교육행정의 근간이 되려면 교육행정 피라미드 바닥을 단위학교로 깔아놓은 기존의 패러다임이 전환돼야 가능하다.

과거 한국의 교육 패러다임은 중앙부처인 교육부가 피라미드의 정점에 있었고 교육현장인 학교는 피라미드 바닥에 있었다. 정부가 학교 위에 군림하는 패러다임이었다. 국민을 섬기는 정부에서는 피라미드의 정점은 단위학교가 돼야 하고, 지방교육청과 광역교육청이 단위학교를 받들고 섬기는 기둥이 돼야 하며, 피라미드의 바닥은 중앙정부의 교육담당부처가 돼야 한다. 중앙정부가 요구하는 국가교육과정은 최소화 돼야 하지만 단위학교의 자율적 책임경영은 최대한 보장돼야 한다.

과거 우리는 중앙정부가 톱다운 방식으로 밀어붙이는 교육정책이 실패한 것을 경험했다. 따라서 초·중등교육을 16개 시·도 교육청에 위임하는 것은 바람직하다. 그러나 시·도 교육청의 교육정책 실패를 예방할 장치를

강구하는 것은 중앙정부의 몫이다. 중앙정부는 학부모들이 공교육만으로 만족할 수 있도록 시·도 교육청과 머리를 맞대고 단위학교 특성에 맞는 초·중·고교 교육 지원 정책을 구상해야 한다.

다양한 교육이 필요한 다양화 시대에 '고교 300 프로젝트'는 다양화를 통한 공교육 활성화를 도모한다는 점에서 바람직하나, 고등학교 단계에서 과열현상을 예방하기 위해 초·중학교의 다양화도 함께 추진돼야 효과적이다. 전체 고교의 약 15%를 차지하는 '고교 300 프로젝트'와 함께, 나머지 85% 고교의 질적 향상 방안을 시 도교육청과 함께 수립하는 과정이 필요하다.

대학 졸업생의 절반 이상이 제대로 된 일자리를 구하지 못하는 현실을 타개하려면 국제적으로 통용될 수 있는 교육의 질 관리가 필요하다. 국내에 일자리가 부족하면 해외 일자리 창출에 나서야 한다. 해외 일자리 창출을 위한 첫 걸음은 실용 외국어교육이다. 현지어로 의사소통과 협상은 물론 현지에 사회화할 수 있는 능력을 갖추어야 해외 취업을 통한 청년실업문제 해결에 기여할 수 있다. 이 또한 정부가 단위학교에 맡기고 지원해야 가능하다. 교육행정의 피라미드 정점에 학교가 위치해야 할 이유가 바로 여기에 있다.

2008.02.25. 한국교육신문

學制 '다선형'으로 바꾸자

교육부가 교육인적자원부로 바뀐 것은 국가 인적자원 개발의 3대 영역인 양성·개발·활용을 종합적으로 운영하기 위함이다. 그러기 위해서는 학교 시스템과 노동시장 시스템의 적합화를 위한 시각과 노력이 필요하다.

오늘날 청년 실업의 증가는 경제 상황의 어려움 때문이기도 하지만 근본적으로는 국가 인재의 양성과 활용의 불일치에 기인한다. 국가 인적자원 개발은 분명 인적자원의 양성·개발·활용이라는 세 가지 영역이지만 실상은 양성에 치우쳐 있다. 그러나 개발과 활용이 양성과 무관한 것이 될 수 없다는 점에서 국가 인재 양성 체제가 이대로 좋은지 검토할 필요가 있다.

연초에 나는 열흘간 국민소득 2만 달러를 오래 전에 달성한 독일, 오스트리아, 스위스의 교육기관을 방문할 기회가 있었다. 스위스 취리히에서 독일 프랑크푸르트로 향하는 비행기 옆 좌석에 앉은 스위스 고등학생에게 학교생활이 즐거우냐고 물어보았다. 학교가 즐겁지 않으면 왜 다니느냐는 것이 그 학생의 답변이었다.

내가 방문한 유럽 세 나라의 교육은 다선형 학제를 통해 국가 인재를 양성하고 있고, 지방별 교육 자치가 건실하며, 학교 시스템과 노동시장 시스템의 적합화가 잘 돼 있다는 것이 공통점이다. 그러나 한국은 단선형 인재 양성 체제로 전국의 학생을 한 줄로 세우는 교육을 하고 있기 때문에 국가가 필요한 인재를 제대로 양성하지도 못하면서 학생과 학부모에게 교육 고통을 주고 있다.

그런데 다선형 인재 양성 체제는 국가가 필요한 다양한 인재를 여러 가지 형태로 줄을 밟을 수 있도록 양성한다. 다선형 학제 아래의 학생들은 개인의 능력을 최대한 발휘할 수 있도록 본인의 소질과 능력에 따라 교육받고 있기 때문에 학교가 즐거운 곳이다.

다선형 인재 양성 체제를 채택하고 있는 위의 세 나라는 일반계 중고등학교가 30% 미만이며, 실업계 중고등학교가 70% 이상이다. 다양한 실업계 중등학교를 졸업하면 회사 인턴을 거쳐 바로 취업하거나 실업계 대학에 갈 수 있는 길이 열려 있어 산업 기반인력을 양성할 수 있는 탄탄한 구조를 갖고 있다.

단선형 인재 양성 체제를 채택하고 있는 한국은 산업 기반인력을 양성하는 구조가 매우 취약하다. 한국의 중학교는 모두 일반계이고, 고등학교는 일반계가 60% 이상이며 실업계는 40% 미만이다. 2000년(60%)부터 2001(61%), 2002(62%), 2003년(63%)까지 해마다 약 1% 포인트씩 일반계 고등학교가 증가했고, 반대로 실업계는 2000년(39%)부터 2001(38%), 2002(37%), 2003년(36%)까지 매년 1% 포인트씩 감소했다.

한편, 1990년 8.3%에 불과하던 실업계 고등학교 졸업자의 대학진학률이 지속적으로 상승해 1995년에 19.2%, 2002년에는 49.8%를 기록한 것은 고등교육의 보편화 정책 결과이다.

상고 출신이 반도체 조립공으로 취업하는 상황이지만, 상업·공업·농수

44

산업 등 전통적인 산업 구조를 기반으로 한 실업계 고등학교에서 학생 유치가 어렵게 되자 인문계 고등학교로 전환한 경우도 있다. 인적자원의 주요 수요 분야인 정보통신 서비스, 반도체 공업, 관광, 레저, 유통 물류 분야에 대한 실업계 고등학교 교육 체제는 매우 미흡하다. 최근에 설립돼 인기를 끌고 있는 조리고등학교와 애니메이션고등학교도 태부족이다.

그럼에도 불구하고 고등학교 졸업자 수보다도 대학 입학 정원이 많은 관계로, 수학 능력과 관계없이 누구나 대학에 진학하니 산업 기반인력 양성 구조는 취약하고 대졸 청년 실업 배출 구조는 탄탄한 곳이 한국이다.

그러므로 학교 시스템과 노동시장 시스템 적합화의 개념을 도입하여 기존의 단선형 학제를 다선형으로 전환하는 것을 검토할 필요가 있다. 학교 시스템과 노동시장 시스템의 적합화라는 것은 다양한 수준의 학교에서 배출하는 인적자원의 능력과 기술이 노동시장에서 요구하는 다양한 수준과 조화되는 것을 일컬으며, 이를 위해 학교에서 일터로 이행하는 다선형 시스템이 요구된다.

한 줄 세우기를 하는 단선형 학제는 모든 이에게 희망을 줄 수 있는 제도이긴 하지만 99%에게는 고통을 주며, 중도 탈락자를 양산하여 사회 문제를 촉발시키는 원인을 제공하고 있다. 그러나 여러 줄 밟기를 하는 다선형 학제는 본인의 소질과 능력에 따라 교육받을 수 있으므로 중도 탈락자가 적은 것이 특징이다.

학생의 능력과 적성에 따라 여러 줄로 세우는 다선형 학제 아래서 공부하는 학생들은 학교가 즐겁고, 학부모의 사교육비 부담은 거의 없거나 적어도 고통 수준이 아니라는 점이 매력적이다.

2004.01.24. 문화일보

교육개방시대 정부의 과제

영국의 토니 블레어 총리는 '교육이 최선의 경제정책'이라고 강조한 바 있다. 교육은 경제 활동의 주체인 인적자원의 질과 양을 결정하기 때문에 최선의 경제정책이 될 수 있다. 현재 국회에 계류 중인 '경제자유구역 및 제주 국제자유도시의 외국 교육기관 설립·운영에 관한 특별법'이 통과되면, 경제적 측면에서 외국인 투자 유치의 주요 변인으로 작용할 것이고, 교육적 측면에서 내국 교육기관의 변화에 커다란 영향을 미칠 것이다.

외국 교육기관의 국내 진출을 놓고 일부 시민단체와 교원단체가 우려하는 공교육 황폐화를 예방하고, 나아가 초중등교육의 혁신과 대학 경쟁력 제고의 기폭제가 될 수 있도록 정부가 추진해야 할 세 가지 정책적 과제를 제안한다.

먼저, 정부가 경제특구나 국제자유도시에서 일하는 외국인들의 자녀 교육 수요를 충족시킬 수 있도록 양질의 교육 역량을 갖춘 학교를 주도적으로 유치하고, 적정 규모의 학교 수를 유지하여 외국 교육기관을 안정적으로 정착시켜야 할 과제가 있다.

특별법안에서는 내국인 학생 비율을 학교장이 정하도록 돼 있는데, 학교 수가 너무 많을 경우 내국인 학생 비율이 지나치게 높아질 우려가 있다. 한정된 지역에서 외국 교육기관 수가 많아지면 내국인 학생 비율이 높아지고, 내국인 학생 비율이 높아지면 외국 교육기관을 설립하는 본래의 취지를 벗어날 우려가 있다. 그러므로 정부가 취학 예정인 외국인 학생 규모를 정확히 파악하고 적정한 학교 수를 정하는 것은 매우 중요하다.

다음으로, 외국 교육기관이 학생들의 교육에 영향을 미치는 모든 정보를 공개토록 하여 학교의 책무성을 확보해야 할 과제가 있다. 학사일정, 수업료, 장학제도, 교육과정, 특성화 프로그램, 예산·결산 현황, 교육시설, 학교 위생과 안전, 학생 분포, 학생들의 학업성취도 변화 정도와 학생·교사 비율, 교과별 교사 이력 및 현황 등 교사 관련 정보 등을 공개하도록 해야 한다.

학교 정보가 공개되면 학교는 투명 경영을 해야 하므로 교내외에서 신뢰를 획득할 수 있고, 학생과 학부모들은 학교 선택에 필요한 정보를 얻을 수 있을 뿐만 아니라 학생들의 학습권을 보호할 수 있다. 예산과 결산에 관한 정확한 정보가 공개되면 학교 운영을 통한 이익잉여금 본국 송금 규모가 적정한지 여부를 판단할 수 있어 학교법인의 정도 경영을 유도할 수 있다.

교육에 필요한 학교 정보 공개는 책무성 규명 차원에서 필요할 뿐만 아니라, 부실한 외국 교육기관들이 원천적으로 발붙일 수 없도록 막을 수 있는 제도적 장치로서 기능하도록 반드시 실시해야 한다.

끝으로, 국내에 설립될 외국 교육기관과 대등하게 경쟁할 수 있도록 한국 교육기관의 교육 여건을 획기적으로 개선해야 할 과제가 있다. 한국에 외국 교육기관이 설립되고 학교 정보가 공개되면 외국 교육기관끼리의 교

육의 질(質) 경쟁이 일어날 것이며, 이어 한국 교육기관들과의 경쟁도 자연스럽게 촉발될 것이다.

특별법에 의해 설립될 외국 교육기관은 학생 선발, 교육과정 편성, 등록금 책정 등에 관하여 영미권 국가 수준의 자율권을 보장 받을 것이다. 단위학교 중심의 학교 운영 자율권을 행사하는 외국 교육기관은 인사권과 예산권을 탄력적으로 운영할 수 있는 강점을 지닌다. 학교 운영 자율권과 책무성 확보가 취약한 국내 교육기관이 국내에 설립될 외국 교육기관과 현재 상태에서 경쟁하도록 방치하는 것은 매우 불공정하다. 따라서 국내외 교육기관들이 서로 공정한 경쟁을 할 수 있도록 국내의 초·중·고교는 물론 대학의 경쟁 여건을 정비해야 한다.

이상의 세 가지 과제가 해결되면 외국학교가 외국 기업의 투자를 유치하여 고용 창출과 경제 발전에 기여할 수 있는 본래의 목적을 달성할 수 있을 뿐만 아니라, 한국 교육의 경쟁력을 세계 수준으로 도약시킬 수 있는 계기로 활용할 수 있을 것이다.

2005.02.07. 문화일보

캐나다 외국어교육의 교훈

최근 문화관광부 관련 기사가 톱뉴스를 차지하고 있는 것을 보면 21세기가 문화자본의 시대라는 것을 역설적으로 보여주고 있는 것 같다. 문화자본의 시대에 청와대와 문광부가 진짜 챙겨야 할 것은 사회문화적 인프라의 국제화다. 그 가운데서도 국익 증진에 시급한 것이 공중파 영어 방송 운영이다.

한국은 무역 규모로 세계 10위권 국가지만, 외국인들을 위한 공중파 라디오나 TV 영어방송이 없다. 한국의 생활정보를 습득하고 한국의 문화를 호흡할 수 있는 채널은 케이블인 아리랑TV다. 그런데 막상 아리랑TV를 켜면 한국어 드라마에 영어 자막을 넣어서 방영하는 수준이다. 더빙하는 것보다 자막을 넣는 것은 비용은 절감할 수 있지만 비효과적이다. 청와대와 문광부가 진짜 챙겨줘야 할 것은 아리랑TV의 인사가 아니라 콘텐츠 향상이며, 나아가 케이블TV를 공중파로 전환하고 라디오 영어방송을 운영하는 것이다. 그래야 모든 이들이 혜택을 볼 수가 있다.

캐나다 밴쿠버지역에서는 공용어인 영어와 프랑스어 전용 채널 외에도 다문화 채널 방송국을 이용하면 무려 26개 언어로 방송을 들을 수 있다. 유럽 언어로는 독일어, 스페인어, 이탈리아어, 폴란드어, 헝가리어, 루마니아어, 러시아어, 세르비아어, 슬로바키아어, 쿠르드어 방송이 각각 있다.

아시아와 오세아니아 언어는 한국어, 일본어, 중국어, 베트남어, 방글라어, 푼잡어, 타밀어, 힌디어, 피지어 등이 있다. 중국어는 만다린어, 광둥어, 타이완어 세 가지로 방송된다. 필리핀의 공용어인 타갈로그어, 파키스탄의 공용어인 우르드어도 방송된다. 페르시안 계통의 언어인 파스토어와 다리어, 파르시어도 각각 방송된다. 한국어 방송에서는 뉴스와 드라마 음악회가 방영되고 있다.

26개 언어로 방송하는 효과는 세 가지로 집약할 수 있다. 우선 밴쿠버지역에 거주하는 언어가 다른 여러 민족 출신들이 자기네 언어로 정보를 습득할 수 있을 뿐 아니라, 민족 고유의 문화를 발전시키는 데 기여한다. 그렇게 함으로써 캐나다는 26개 외국어를 사용하는 인적자원을 확보하여 글로벌 시대의 부(富)를 창출하는 원천으로 활용하는 효과를 가진다. 마지막으로 캐나다인들이 자국내에서 외국 문화와 언어를 공부하고 외국에 대한 정보를 획득하는 데 매우 유용하다.

한국에 이와 같은 멀티 채널은 없더라도 온전한 영어 방송국이 한 군데라도 있다고 가정해 보자. 우선, 한국에 투자하는 외국 기업인이나 대학에 근무할 외국인 교직원을 유치하는 데 기여할 수 있다. 뿐만 아니라 외국 관광객들을 유인하는 문화적 인프라로 작동할 것이다. 국내에 거주하는 외교 사절이나 외국 기업인, 유학생은 물론 외국인 관광객도 한국의 생활정보와 문화정보를 쉽게 접하게 되고, 한국문화의 전파는 물론 한국 상품 소개가 활기차게 이루어질 것이다.

영어공부를 하려는 학생들이나 일반인들에게 영어 라디오 방송은 더

없이 좋은 학습도구가 될 것이다. 질 좋은 공중파 영어 방송이 라디오나 TV를 통해 국내에서 만날 수 있다면 천문학적으로 급증하는 해외 영어 연수비용도 대폭 절감할 수 있을 것이다.

　제주특별자치도나 인천경제특구도 제 기능을 하려면 문화적 인프라의 국제화가 선결돼야 한다. 그렇게 하려면 최소한 영어 라디오나 TV 방송은 2개 채널 이상 운영돼야 한다. 아리랑TV가 국내 영어 방송 채널로는 유일한 독점 상태이기 때문에 타사와 경쟁이 없다. 경쟁이 없기 때문에 질 좋은 방송을 기대하기 어렵다. 따라서 케이블보다는 모든 이에게 개방되는 공중파 방송이 2개 이상 필요하다.

2006.08.26. 문화일보

실용영어 교육이 성공하려면

교육수장이 지난 3일 "영어 공교육 강화는 결국 예산과 인력이 뒷받침되어야 할 정책"이며 "다시 한 번 점검하고 문제점이 있는지 파악해 보겠다"고 밝혔다. 1980년대 초까지 영어소통이 원활하지 못했으나 최근 비영어권 국가 중에서 영어로 의사소통이 가장 탁월한 국가로 손꼽히는 핀란드 사례를 공부할 필요가 있다.

핀란드가 성공한 이유는 세 가지로 압축된다. 먼저 문법 중심의 학교 영어교육 과정을 실용회화 중심으로 바꾸고, 기초학교에서 고등학교까지 영어를 영어로 가르친다. 이어 양질의 교사를 확보하고 이들에게 필요한 계속교육을 제공하여 학교교육 경쟁력을 높임으로써 학부모에게 신뢰받는 교원 정책을 펴고 있다. 마지막으로 영어로 만든 영화나 드라마를 자막 없이 방영하여 국민을 영어에 노출시키고 있다.

이를 참고할 경우 우리는 세 가지를 유념할 필요가 있다.

첫째, 영어 공교육이 강화되면 사교육 팽창을 차단하는 조치를 필수적으로 마련해야 한다. 새 정부의 영어 공교육 강화 방안이 발표된 후 사교육 기관은 경쟁적으로 광고에 뛰어들고 있지만, 공교육 기관은 국민의 신뢰를 얻을 만한 영어교육 방안을 아직 발표하지 않고 있다. 공교육이 학생과 학부모의 신뢰를 얻기 위해서는 초기단계에서 실용 영어회화를 내신성적과 관계없이 선택 과정으로 실시하는 방안을 검토할 필요가 있다. 기존의 점수제 평가방법에서 벗어나 수준별로 인증하는 방법도 검토할 만하다.

둘째, 기존에 제작된 회화 중심의 영어교육방송 제작물을 현직 영어교사들이 유치원부터 고등학교까지 사용할 수 있도록 커리큘럼화하고, 정보통신기술을 활용하는 교수·학습 방법을 확산해야 한다. 현직 영어교사들이 영상물을 활용하여 실용영어 수업을 할 수 있도록 교수방법에 관한 연수교육을 제공해야 한다. 소수의 영어 원어민 교사들의 강의를 정보통신기술을 활용하여 여러 학교가 공유하는 방법을 강구하는 것이 보완책이 될 수 있다.

셋째, 한국교육방송공사(EBS)의 영어교육 방송이나 아리랑영어방송은 공중파가 아니라 유료 채널이기 때문에 접근성에 제한이 있다. 세계 국가를 지향하면서도 외국인들이 한국에 와서 한국문화와 경제를 접할 수 있는 제대로 된 영어 라디오 방송도 없는 실정이다. 어린이를 비롯한 국민들이 영어에 자연스럽게 노출되어 영어 구사에 도움이 될 수 있는 사회교육 차원의 방송문화정책이 필요하다.

교육투자의 효과는 바로 나타나지 않는 특성이 있기 때문에 장기적 안목에서 차근차근 시행해야 한다. 학교 교육을 통한 실용영어 교육 효과를 제대로 얻으려면 적어도 초등학교 1학년생이 고등학교를 졸업하는 12년 뒤에나 가능하다.

핀란드가 1990년대 초에 강도 높은 교육개혁을 시작하지 않았던들 오

늘날에 그 성과를 자랑할 수 없을 것이다. 정부도, 국민도 영어교육 조급증에서 탈피해야 할 이유다.

2008.03.09. 경향신문

교원단체가 대학수학능력시험일 이전에 정부의 시범적인 교원평가를 반대하기 위해 연가투쟁을 실시하려다가, 국민들의 여론에 밀려 수능이 끝난 시점으로 연기한 바 있다. 경제협력개발기구(OECD)는 학교의 교육역량을 높일 수 있는 가장 효과적인 방법으로 학교평가와 교원평가제를 회원국들에 권고한 바 있다.

학교평가와 교원평가제를 성공적으로 정착한 외국의 경우도 처음부터 평탄하게 실시한 나라는 드물다. 우리나라도 예외는 아닌 것 같다. 교원의 자발적 참여가 전제돼야 성공할 수 있는 교원평가에 대해 교육수요자인 학부모단체는 찬성하고 있지만, 교육공급자인 교원단체가 반대하고 있다.

일본의 경우도 2000년에 도쿄도(都)부터 교원평가제를 도입하고 부적격 교원을 퇴출해 교육단체가 거세게 반발했지만 지금은 전국적으로 정착돼 있다. 평가를 통해 교육위원회에서 부적격 교원으로 판정받은 교사는 지도력 향상을 위한 단기·중기·장기 연수를 받게 된다.

교원평가 반대투쟁 명분 없다

장기연수의 경우에는 대체교사가 배치되고, 2년 이상의 장기연수를 받아도 전문성이 향상되지 않으면 자진 퇴출하거나 퇴출당한다. 학교의 교육력을 제고하기 위한 가장 바람직한 평가방법은 학생들의 학력이 증진됐는지의 여부를 학교별로 평가해 공개하는 일이다.

영국은 2001년부터 학업성취도를 기준으로 학교를 평가해 교원보수를 포함한 학교지원금을 차등적으로 지급하기 시작했다. 평가 제도를 도입하기 전에 교원단체가 매우 강하게 반발했다.

영국정부는 교사들의 반발에도 불구하고 학생들의 학업성취가 가장 중요하다는 이유를 내세워 학교평가를 했고, 학교로 하여금 교사를 평가하도록 해 평가제도를 정착시켰다. 우리 정부가 실시하려는 시범평가는 문제교사나 부적격교사를 퇴출시키는 인사관리형 평가가 아니라, 교장과 교감의 학교경영능력과 교사들의 수업전문성을 향상시키기 위한 평가이다.

교원단체들과 학부모단체가 단일안을 만들기 위해 특별협의회를 구성했지만 실패하고, 교원단체 단일안 도출도 성공하지 못했기 때문에 정부안으로 교원평가를 시범적으로 실시하게 됐다.

시범평가학교 48개교를 발표한 직후 선정된 학교의 교장들이 비난과 협박을 받고 있다는 소식은 매우 충격적이다. 교장 자신도 교사 교감과 더불어 평가를 받는데도 불구하고 학교의 수장을 대상으로 협박하는 것은 교직사회에서 있어서는 안 될 부끄러운 일이다.

능력개발형 교원 평가는 부적격교사를 가려내 퇴출시키는 인사관리와 전혀 관계가 없고 승진이나 성과급과도 연계돼 있지 않다. 오직 교원 본인에게만 평가결과가 통보돼 교원능력개발 자료로 활용될 예정이다. 특히 전국적으로 통일된 평가지표를 사용하지 않고 단위학교 특성을 반영해 자율적으로 결정하게 돼 있어, 향후 단위학교 중심의 책임경영을 구현하는 토대를 마련할 수 있다.

　교장이나 교사로서 업무수행역량이 부족하거나 적합하지 못한 교원에 대해 정부가 적절한 대응조치를 강구하는 것은 너무나도 당연한 일이다. 평가를 반대하는 교원단체는 결국 국민들로부터 외면당할 수밖에 없다.

　교원단체가 국민의 신뢰를 획득하는 길은 투쟁을 포기하고 당당하게 시범평가에 임하는 길 밖에 없다. 시범평가를 하고 나면 개선할 사항이 반드시 나타날 것이다. 시범평가의 과정과 결과를 면밀히 검토해 학교별로 교육력을 증진시킬 수 있는 길을 모색하는 것이 교원단체가 걸어야 할 바른 길이다.

2005.11.23. 한국경제신문

교원평가제의
글로벌 스탠더드

정부는 교원단체의 거센 반발에도 불구하고 교원평가를 실시했다는 그 자체로 만족하고 있는 것 같지만, 교원평가 시범실시 결과에 대해 '무늬만 교원평가지 실효성이 없는 평가'라는 따가운 비판을 받고 있다. 시범평가는 문제 교사나 부적격 교사를 퇴출시키고 우수 교사를 승진시키거나 성과급을 지급하는 인사관리형 평가가 아닌 것이 문제였다. 평가 결과를 토대로 부진 교사들의 능력을 개발하는 제도적 장치도 없기 때문에 만족도나 인기도를 측정한 꼴이 되고 말았다. 그렇기 때문에 학교 교육력을 제고하기 위한 역량개발형 평가라고도 보기 어렵게 됐다.

부적격 교사나 문제 교사, 부진 교사에 대해 정부가 적절한 대응 조치를 강구하는 것은 너무나도 당연한 일임에도 불구하고 소신껏 정책을 집행하지 못하고 이익단체의 눈치를 보면 실효성이 없다는 것을 단적으로 보여준 것이 시범평가의 결과이다. 교원평가가 실효성을 거두기 위해서는 교육정책의 철학적 근간부터 바꾸어야 한다. 승진·보수·연수·퇴출과 직접 연계되지 않고 만족도 수준 정도를 조사하는 평가는 교사의 교육역량을 제고하는 평가로서 기능할 수 없음을 시범평가를 통해 값비싸게 확인했다.

경제협력개발기구(OECD)는 회원국에 학교의 교육역량을 높일 수 있는 가장 효과적인 방법으로 학교평가와 교원평가제를 권고한 바 있다. 외국 정부들은 교원단체의 강력한 반대를 교육경쟁력 제고 차원에서 논리적으로 제압했기 때문에 평가제도를 성공적으로 정착했음을 주목해야 한다.

일본은 교원 신분이 지방공무원이기 때문에 광역 자치단체별로 자체적으로 실시한다. 도쿄도(東京都)부터 교원평가제를 도입하고 부적격 교원을 퇴출하여 교원단체가 거세게 반발했지만 지금은 전국적으로 정착돼 있다. 교사 평가는 교장에 전적인 권한이 있으며, 교사 스스로 목표를 세워서 실시하는 '자기평가'와 교장·교감이 실시하는 '업적평가'를 통해 우수 교사의 표창, 부적격 교사의 재교육 등을 실시한다. 부적격 교원으로 판정을 받은 교사는 지도력 향상을 위한 연수를 받는다. 2년 이상의 장기 연수를 받아도 전문성이 향상되지 않으면 퇴출당한다.

영국은 학업성취도를 기준으로 학교를 평가하여 교원보수를 포함한 학교지원금을 차등적으로 지급한다. 학생들의 학업성취도에 따라 교사들의 보수를 차등 지급했기 때문에 평가제도를 도입하기 전에 교원단체가 매우 강하게 반발했다. 학교운영위원이 교장의 학교 경영능력을 평가하고, 선배 교사가 후배 교사와 학생의 학업성적 향상 정도를 평가하는 등 다면평가를 하고 있다. 영국 정부는 교사들의 반발에도 불구하고 학생들의 학업성취가 가장 중요하다는 이유를 내세워 학교평가를 했고, 학교로 하여금 교사를 평가하도록 하여 제도를 정착시켰다.

미국은 주별로 교육자치가 분권화돼 주법에 명시된 평가 방식으로 장학사나 교장이 교사를 평가한다. 어떤 방식으로 교사의 교육 실적을 평가하고 그 평가 결과를 활용하는지에 대한 규정이 주별로 서로 다르지만,

교사들은 처음 1~3년간 임시교사로서 근무한 후 선배 교사들과 교장의 평가에 의해 정식 임용이 결정된다. 정식교사가 되면 2~5년 단위로 계약하고 평가를 거쳐 재계약한다. 평가 결과가 기준에 미달하는 교사는 무급 연수에 참여해야 하며, 그 후에도 기준을 충족시키지 못하면 교단에서 퇴출된다.

이처럼 교육 선진국들은 학생들의 학업성취도와 교사들의 교육 역량을 평가하지 않는 경우는 거의 없고, 교사평가를 포함한 학교평가를 하며 평가 결과를 교원 연수·퇴출·승진·급여에 활용하는 인사관리 및 인력개발형 평가를 실시하여 교육경쟁력을 제고하고 있다. 정부는 더 이상 변화에 저항하는 교원단체와 타협해서는 안 되며 국민의 요구에 부응하는 변화 창조적인 정책을 시행해야 한다.

2006.03.08. 문화일보

대통령이 학교폭력 근절 종합대책이 제대로 작동되고 있는지 살펴보기 위해 경기도의 한 중학교를 방문한 16일, 경북의 한 중학교 2학년 학생이 '내가 죽으려는 이유는 학교폭력 때문'이라는 내용의 유서를 남긴 채 스스로 목숨을 끊었다. 매우 참담한 일이다.

학교폭력이 근절되려면, 현장에서 학교문화를 바꿀 수 있는 해법을 찾아야 한다. 각급 학교의 환경과 학교문화가 모두 다르다는 점을 고려하면, 지금이라도 교사들이 학급 학생들을 한명씩 개별 면담해 학급별로 원인을 파악해 학교단위에서 해결책을 마련하고, 학교단위에서 마련된 해결책을 교육지원청별로 어떻게 도와줄지 고민해야 한다. 광역교육청과 중앙정부가 교육지원청별 대책을 어떻게 도와주는 것이 효과적인지 이마를 맞대고 대안을 찾아야 학교문화를 바꿀 수 있는 해답을 찾을 수 있다.

나아가 중앙정부는 학교문화를 바꾸기 위해 근본적인 고민을 할 필요가 있다. 지금처럼 교육이 지육(智育)에 머물러서는 학교에서 폭력을 추방하기

교사 · 교장 달라져야 敎室붕괴 막는다

어렵다. 인간으로서 존엄성을 되찾는 덕육(德育), 심신을 연마하는 체육(體育), 올바른 섭생을 위한 식육(食育)을 포함한 '4육'이 절실하다.

중앙정부는 지·덕·체·식의 4육 교육과정이 학교에서 균형 있게 운영될 수 있도록 리더십을 발휘해야 한다. 4육 교육과정을 통해 학생들의 6관 (觀, 인간·가족·사회·직업·국가·세계관)이 형성될 수 있도록 교과서 집필 기준과 교육과정을 다듬을 필요가 있다.

인간 생명에 대한 존엄성을 체화하는 인간관이 형성되면 폭력을 원천적으로 거부할 수 있다. 유치원에서 고등학교까지 학년마다 체계적으로 인간의 존엄성에 대해서 무엇을 가르치고 있는지 반성해야 한다. 나의 가족이 소중하면 남의 가족도 소중하다. 모든 가족의 행복을 방해하는 어떤 폭력도 용납할 수 없다는 의식을 학생 시절에 길러줘야 한다. 올바른 가족관이 형성될 수 있도록 학교에서 도와주는 것이 필요하다. 그리고 이웃과 더불어 사는 지역사회를 사랑하는 사회관은 공동체 생활의 성공 여부를 좌우한다. 처벌이 능사가 아니라 남에게 피해를 주면 그에 따른 책임으로 법적 처벌을 받는다는 것을 먼저 깨우칠 필요가 있다.

인간으로서 인간답게 살기 위해서는 꼭 가져야하는 것이 직업이다. 직업의 가치와 직업의 중요성에 대한 교육과정 운영으로 뚜렷한 직업관을 형성하고 교문을 나설 수 있어야 한다. 특히 중학생 시절에 직업세계를 집중적으로 탐색하도록 할 필요가 있다. 고등학교 진학 전에 자신의 진로를 설계할 수 있도록 도와주는 직업진로 탐색교육이 집중적으로 이뤄지면 학생들에게 인생의 목표가 생긴다. 학생들에게 인생의 목표가 생기면 학교문화는 변화할 수 있다.

남북이 분단된 상황에서 국가안보를 해치는 사람들이 활개치는 것은 국가관 형성 교육이 실패했다는 증거다. 건전한 국가관 형성이 교육과정에 반영돼야 한다. 국가안보(安保)는 정파(政派)를 초월해 국가 차원에서 매우 중요하다. 국민의 생명과 안전은 국가안보에 달려 있다. 또 세계 인류의 평화와 공영을 위해 학생들의 세계관 형성 교육도 빼 놓을 수 없다. 원조를 받던 나라에서 원조를 공여하는 유일한 나라가 된 대한민국의 학생들이 세계인과 더불어 살기 위해선 올바른 세계관 형성이 필수다.

4육을 통해 학생들의 6관이 형성될 수 있도록 학교가 변하려면, 교사와 학생들이 변해야 한다. 교사와 학생들의 변화를 지원하려면 교장이 변해야 한다. 교장의 변화를 지원하기 위해 교육장이 변하고, 교육장의 변화를 지원하기 위해 교육감이 변하고, 교육감의 변화를 지원하기 위해 중앙정부의 정책가들이 변해야 한다. 거꾸로 해야 변한다.

2012.04.19. 문화일보

국가장학制度 개혁 시급하다

저소득층 자녀들이 받아야 할 국가장학금을 무자격자인 87억(億) 원의 자산가 등 고소득층 자녀들이 받아서 문제가 되고 있다. 감사원은 한국장학재단이 장학금 신청자 부모의 소득원과 재산을 파악하는 과정에서 건강보험공단 자료만 점검하고 금융소득을 간과해서 발생한 오류라고 밝혔다.

이런 오류를 바로잡고 국가장학 제도(制度)가 국민행복을 견인토록 하기 위해서는, 우선 중앙정부 차원에서 복지장학금이나 복지수당 신청자의 자격 여부를 판별할 수 있는 통합된 하나의 시스템을 갖춰야 한다. 나아가 대졸 청년실업을 양산하는 인력 양성 구조를 개혁하는 데 매개 기능을 발휘해야 하며, 국가에 필요한 인력을 양성하는 데 집중해야 한다. 한국장학재단이 건강보험공단 자료와 금융소득을 일일이 대조해야 장학금 신청자가 해당 저소득층 자녀인지 아닌지 확인할 수 있는 원시적인 시스템은 이제 바꿀 때가 됐다. 신청자들의 도덕적 해이는 장학금 신청뿐만 아니라 각종 복지수당 신청에서도 나타나기 때문에 이를 원천적으로 봉쇄할 수 있는 첨단 시스템이 필요하다.

통합된 하나의 복지 정보 시스템으로 중앙정부나 지방정부가 신청자의 자격을 판별할 수 있는 단일 전산망을 구축하는 일이다. 예를 들어, 중앙정부가 운영하고 있는 '사회복지 통합 관리망'을 업그레이드해 정부 기관이 복지장학금이나 복지수당 신청자의 자격을 판별할 수 있도록 시스템을 만든다면 무자격자는 아예 신청하지 못하도록 할 수 있다.

한편 부정 신청자는 응분의 대가를 치러야 한다는 점을 예고해야 한다. 자격이 없는 자가 모르고 신청한 게 아니라 고의로 신청해 장학금을 받은 경우, 환수 조치에 그칠 것이 아니라 그 사실을 기록하거나 공지해 당사자가 불이익을 받도록 예고하는 행정 조치도 아울러 검토할 필요가 있다.

국가장학제도가 학자금 지원의 차원을 넘어 국가 발전에 기여하려면 남아도는 대졸 인력 장학보다는 부족한 최첨단 과학기술 고급인력과 기능인력 장학에 집중할 수 있도록 개혁할 필요가 있다. 국가장학금 I유형은 국가가 직접 형편이 어려운 대학생에게 장학금을 지급하지만, II유형은 대학별 자체 노력 계획에 따라 자율적으로 지원하기 때문에 대학의 노력이 중요한 변수다. II유형이 정부 재정지원 제한대학과 제한대학 평가 미참여 대학의 신입생을 지원 대상에서 제외한 것은 부실 대학 구조조정을 촉진하기 위한 보완책이었다.

국가장학금 I·II 외에도 한국장학재단은 국가근로 장학금과 희망사다리 장학금 등 이외에도, 학자금 대출 업무와 외부로부터 마련한 기부금으로 취약계층을 위한 사랑드림 장학금을 운영하고 있다. 첨단 과학기술 인력 장학을 위한 것은 대통령 과학 장학금과 국가우수 장학금 등이 있으나, 기능인력 장학을 위한 것은 없다. 경제적 이유로 중·고등학교를 중퇴하는 학생들의 중퇴를 예방해 사회가 필요로 하는 인력으로 육성할 수 있는 국가장학금도 필요하다.

일자리와 직접적으로 연계되는 국가근로 장학금은 수혜자가 근로를 통해 전공과 관련한 다양한 직업 세계를 체험할 수 있다. 그리고 희망사다리 장학금도 현장 실습을 이수한 해당 중소기업과 고용계약 체결이 확정된 자 또는 해당 학기 내에 취업을 전제로 한 현장실습 예정자가 신청할 수 있다.

보다 적극적인 국가장학제도 개혁이 필요하다. 대졸 실업자를 양산하는 분야를 축소하고, 국가근로 장학금이나 희망사다리 장학금처럼 취업과 관련된 분야를 확충한다면 인력 양성 구조 개편을 이끌어낼 수 있다. 나아가 창업을 유도하는 정책을 펴고 있는 만큼 창업과 관련된 장학금 신설을 검토할 필요가 있다.

2013.06.26. 문화일보

'교과서 편향' 정부가 진위가려라

고교생을 위한 한국 근현대사 교과서 내용에 "북한의 역사를 미화하고 한국의 역사를 폄훼"한 내용이 있다고 국정감사에서 지적되자 여당은 "문제 없다", 야당은 "문제 있다"며 싸우고 있다.

과거에 일본에서 역사교과서 파동이 일어났던 원인은 일본 정부가 '침략'이란 말을 '진출'이란 말로 바꾸도록 압력을 가했기 때문이다. 일본 정부가 침략이란 말 대신에 진출이라고 미화한 이유는 자라나는 청소년들에게 긍정적인 일본관을 심어주고 국민을 하나로 뭉쳐 강한 일본을 만들기 위함이었다.

고구려사를 한국 역사로부터 떼어내어 중국 역사로 편입한 것은 역사 테러이며, 이 역시 강한 중국을 만들기 위함이다. 일본과 중국이 한국 관련 역사 왜곡을 통해 자국민들을 뭉치게 하여 강한 나라 만들기 경쟁을 하고 있는 지금, 한국은 역사 교과서의 편향적인 기술의 진위를 둘러싸고 국민을 분열시켜 약한 나라 만들기를 하고 있으니 답답하기 그지없다.

독립운동가인 단재 신채호 선생은

"역사는 역사를 위하여 역사를 짓는 것이요, 역사 이외에 무슨 딴 목적을 위해 짓는 것이 아니다. 다시 말하면 객관적으로 사회의 유동상태의 거기서 발생한 사실을 그대로 적은 것이 역사요, 저작자의 목적을 따라 그 사실을 좌우하거나 덧붙이고 혹은 달리 고칠 것이 아니다"라고 갈파했다. 단재는 역사 기록 자체가 저작자의 목적에 따라 편향돼서는 안 되며, 교육을 편향적인 목적에 이용하는 것은 매우 위험하다는 것을 깨우쳐 주고 있다.

지금 문제가 되고 있는 역사 교과서는 김대중 정부의 마지막 교육부장관이 부총리로 재직하고 있던 시기에 검정을 통과한 것이다. 해당 교과서의 검정 통과에 대한 당시의 상황을 살펴보면 현재 논쟁의 핵심을 이해하는 데 도움이 될 것이다.

2002년 8월 1일 당시 교육 부총리는 국회 교육위원회에 출석하여 "일부 교과서가 상당한 정도 균형을 잃은 것으로 보이는 만큼 수정이 돼야 한다"고 말했고, "당대의 역사 기술은 사회적 합의가 이뤄진 뒤로 미루는 것이 바람직하다는 생각"이라고 덧붙였다. 야당이 편향적인 인사들을 검정위원으로 선정하여 정부의 검정을 통과하지 않았느냐고 따졌지만, 그는 "검정 통과에 어떠한 문제점도 없었으며 외부의 힘이 의도적으로 작용한 증거도 찾지 못했다"고 답변했다.

그때 야당 대표는 "역사 교과서 왜곡은 국기 문란 행위"라며 당내 진상조사특위 구성과 국정조사 검토를 지시했다. 여당은 "과거 정권은 물론 현 정권에 대한 공과는 균형 있게 기술해야 한다"면서도 "야당의 배후 조사 지시 주장 등은 근거 없는 정치 공세"라고 반박한 바 있지만, 여야 모두 후속 조치 없이 오늘에 이르렀다. 대통령도 바뀌고 교육부장관도 바뀌어 2년이 지난 지금 역사 교과서 문제로 또 다시 여야가 공방을 벌이고 있으니 세금을 내는 국민의 입장에서 답답하기 짝이 없다.

  당시 교육부장관이 국회에서 답변한 대로 지적됐던 교과서 내용을 제
때에 수정하였더라면 지금의 문제는 일어나지 않았을 것이다. 이것은 교
육부장관이 정권 차원보다는 국가 차원에서 직무를 수행해야 교육의 백
년대계가 제대로 될 수 있음을 보여주는 교훈적인 사건이기도 하다.

  역사 교과서가 야당의 주장대로 북한 정권의 정통성과 업적이 한국과
비교하여 더 우위에 있는 것처럼 기술되었는지, 아니면 여당의 주장대로
이념적으로 편향되지 않았는지 분명히 가릴 필요가 있다. 적법한 절차를
거쳤다는 이유로 편향 시비를 불러일으키는 교과서 문제를 정부가 방치한
다면 국론은 분열될 것이고 나라는 허약해질 것이다. 정부는 당장 문제가
된 역사 교과서 내용이 편향적인지 아닌지 그 진위를 가려서 국민들의 의
혹과 학부모들의 우려를 불식시킬 책무가 있다.

2004.10.06. 문화일보

교과서 오류 걸러낼 시스템 개선방안

교육은 남의 인생에 영향을 미치는 행위다. 틀린 교과서로 학생을 교육하면 학생들의 인생에 나쁜 영향을 미친다. 틀린 교과서를 고칠 책임은 집필자, 출판사, 교육부와 관련 기관, 그리고 검정(檢定)위원 모두에게 있다. 서로 네 탓 공방을 하기 전에 구조적인 문제가 무엇인지 찾아서 근원적으로 해결하는 것이 중요하다. 15일 보도된 교육부의 '최근 3년 간 초·중·고교 검정교과서 수정·보완 내역'에 따르면 2010~2012학년도 3년 간 2만 7048건의 오류(誤謬)가 발견됐다고 한다. 참으로 우려하지 않을 수 없다.

교과서에는 국정교과서·검정교과서·인정교과서가 있다. 국정교과서는 물론 교육부 차원의 검정교과서뿐만 아니라 그것보다 심의 기준이 비교적 간단한 각 시·도 교육청 차원의 인정(認定)교과서 품질에 구조적인 문제가 있는지를 정밀하게 들여다봐야 할 시점이다. 어떻게 하면 오류가 없는 교과서를 만들 수 있을지 문교부 편수관을 지낸 원로와 검정교과서를 만드는 출판사 간부의 의견을 들어봤다.

교과서 편찬의 원로는 국어와 국사를 국정에서 검인정으로 바꾼 것이 문제의 발단이라고 지적했다. 위키백과에 따르면, '1963년 문교부는 국사통일심의위원회를 구성하여 당시 검·인정 역사 교과서마다 각기 다르게 서술하고 있는 고대사의 내용과 명칭을 조절할 것임을 밝혔고, 1973년에는 일제에 의해 왜곡된 사관을 바로잡고 한국의 역사를 객관적이고 일관적으로 서술한다는 명분으로 중·고등학교 각각 11종의 국사교과서를 국정교과서로 단일화'한 바 있다. 따라서 남북이 분단된 상황에서 국어와 국사에 한해 다양성을 추구하는 검·인정보다는 국정이 바람직하다는 의견은 경청할 만하다.

교과서 출판사 간부는 구조적으로 세 가지 문제점이 있다고 토로했다.

첫째, 각 교과의 저명한 교수들과 교사들은 거의 대부분 교과서의 집필위원으로 활동하고 있기 때문에 탁월한 자질이 있는 검정위원을 발굴하기가 쉽지 않다.

둘째, 검정 기간이 촉박하다. 집필 기간은 약 1년이고 검정 기간은 4개월인데, 검정 기간 중 최초 1개월은 헌법 위배 사항 등이 있는지를 알아보는 기초 검사 기간이어서, 나머지 3개월 간 내용 검정을 하는데 시간이 턱없이 부족하다.

셋째, 검정 관리 기관이 여러 군데로 나뉘어 관리의 일관성이 없다. 소관 부처는 교육부지만, 실제로 검정 관리는 교과 특성에 따라 3곳의 정부기관이 맡고 있다. 국사는 국사편찬위원회, 수학과 과학은 한국과학창의재단, 나머지 교과는 한국교육과정평가원이 담당한다. 그런데 기관마다 검정위원 선발 기준과 오리엔테이션 등 관리 기준이 달라 일관성 있는 검정의 질(質) 관리가 구조적으로 어렵다.

한편 교과서 집필자들은 교육과정 해설서 총론과 각론을 기준으로 집필하는데, 집필 기준이 정교하지 못하다는 것이다. 집필 기준이 정교하지

않아야 창의적인 집필이 가능하다는 의견과, 그것이 정교하지 않기 때문에 집필자가 자의적인 해석을 해 오류를 범하고 있다는 의견이 상치(相馳)하고 있다.

이런 제반 구조적인 문제가 해결되지 않는 것은 교육의 집행 기능과 교육의 질 관리 기능이 분리되지 않아 효율성을 추구한 결과 효과성이 결여된 탓이다. 따라서 시스템적으로 교과서 문제를 해결하기 위해서는 교육의 집행 기능과 교육의 질 관리 기능을 영국처럼 분리하는 방안을 검토해 볼 필요가 있다.

영국 의회는 행정부로부터 독립된 '교육의 질 관리 기구'와 '국가자격 및 시험 관리 기구'로부터 직접 보고를 받는 시스템을 갖고 있다. 독립된 교육의 질 관리 기구 탄생은 의회의 몫이다. 여야 의원들이 국회 차원에서 머리를 맞대고 근원적 해결책을 함께 찾아야 할 때다.

2013.09.17. 문화일보

교육이 바로서야
人災 줄일 수 있다

최근 세월호 참사 희생자들의 명복을 비는 자리에서 각급 학교가 교육기본법에 명시된 교육이념을 교육 현장에서 구현하지 못하고 있는 현실을 교육자의 한 사람으로서 반성을 했다.

교육기본법 제2조에는 '교육은 홍익인간의 이념 아래 모든 국민으로 하여금 인격을 도야하고 자주적 생활 능력과 민주시민으로서 필요한 자질을 갖추게 함으로써 인간다운 삶을 영위하게 하고 민주국가의 발전과 인류 공영의 이상을 실현하는 데에 이바지하게 함을 목적으로 한다'고 명시돼 있다.

지금처럼 학교에서 학생들이 배우기(學)만 하고 익히지(習) 않으면, 몸에 체화(體化)되는 교육이 되지 않는다. 기본과 원칙을 배워서 알지만, 이를 졸업 후 실천하지 않아서 국가적 재난이 일어난다. 기본을 지키는 것이 민주시민의 필수 자질이라고 학생들로 하여금 배우도록만 했지, 배운 것을 실천하여 몸에 익힐 수 있는 교육 여건을 마련해주지 못한 과오가 있다.

지식 중심의 교육과정으로 지식은 존재하지만 품성과 덕성이 사라진 교

육을 혁신하려면, 철학이 있는 역량 중심의 교육 과정으로 바꿔야 인재(人災)를 예방할 수 있다. 적어도 다음 세 가지 실천 전략이 필요하다.

첫째, 인간다운 삶을 영위하게 하려면 올바른 인간관과 가정관 형성이 필수적이다. 지덕체(智德體) 교육의 패러다임을 체덕지(體德智)의 전인교육으로 바꿔야 학생들의 심신이 건강해질 수 있는 건전한 인간관을 기를 수 있다. 인간과 인간 생명에 대한 존엄성을 인식하는 인간관이 형성되면 인간의 생명을 존중하는 문화가 정착되고, 언어·신체·성(性) 폭력을 예방할 수 있다. 나아가 인간의 생명과 안전을 다루는 일에 최선을 다하는 문화를 창달할 수 있다. 각급 학교에서 학년마다 체계적으로 인간의 생명문화에 대해서 무엇을 가르쳐야 할지 중지를 모아야 한다. '신랑학교' '신부학교'와 '아버지학교' 등이 있지만 모두 학교 밖에서 이뤄지는 교육이다. 행복한 가정생활과 가족과 결혼에 대한 이해로 젊은이들의 바른 가정관이 형성될 수 있도록 학교에서 도울 필요가 있다.

둘째, 민주국가의 발전에 이바지하게 하려면 올바른 사회관과 국가관 형성이 필수적이다. 이웃을 배려하고 지역 사회 일원으로서 박애정신을 발휘하는 사회관은 공동체 생활에 필수적이다. 기본과 원칙을 지키는 각 개인의 생활 자세는 안전사회를 만드는 원동력이 된다. 세계사적 맥락에서 어떻게 나라를 잃었다가 찾았고, 왜 나라가 분단됐고, 동족상잔의 6·25가 왜 일어났으며, 어떻게 나라를 지켰고, 외국의 원조를 받던 나라에서 원조를 주는 나라로 바뀔 수 있었던 배경과 원동력이 무엇인지 아는 것은 국가관 형성에 도움이 될 수 있다.

셋째, 인류 공영의 이상을 실현하는 데 이바지하게 하려면 올바른 직업관 형성이 필수적이다. 인간답게 살기 위해서뿐만 아니라 인류 공영에 기여하기 위해서는 직업이 필요하다. 직업의 가치와 직업의 중요성에 대한 교육과정 운영으로 뚜렷한 직업관을 형성하고 학교 문을 나설 수 있어야 한다. 타고난 저마다의 소질과 적성은 다른데, 모든 학생에게 똑같은 것을 공부하라고 요구하는 현행 교육과정에서는 꿈과 끼를 살리기 어렵다. 학생들이 가진 꿈과 끼가 일곱 색깔 무지개처럼 다르므로 이를 살릴 수 있는 무지개 교육을 펼쳐야 학생들이 인류 공영에 이바지할 꿈과 끼를 키울 수 있다. 나아가 각자가 하는 일이 5000만 국민은 물론 세계인들 모두에게 영향을 미칠 수 있음을 인식할 수 있는 직업관 형성이 필요하다.

우리의 교육이 전인교육과 무지개 교육의 양쪽 날개를 달고 널리 인간을 이롭게 하는 교육 이념을 구현해 기본과 원칙을 배우고 익혀서 실천하는 인재를 기르는 패러다임으로 바꿀 때다.

2014.05.21. 문화일보

교사 性범죄 막을 3가지 근본처방

중용(中庸)에 "하늘이 명하는 것을 일러 본성이라 하고(天命之謂性), 본성을 지키는 것을 일러 도라고 하며(奉性之謂道), 도를 닦는 것을 일러 교육이라고 한다(修道之爲敎)"는 글귀가 있다. 사람에게는 사람의 도(道)가 있고 짐승에게는 짐승의 도가 있듯, 사람은 저마다 지켜야 할 윤리가 있다. 학교에서 학생을 가르치는 교원은 조심하고 또 조심해서 지켜야 할 도인 직업윤리가 있다.

최근 교원의 성(性)윤리가 또 도마 위에 올랐다. 서울의 어느 공립 고등학교 교원들이 무더기로 성추행에 연루되어 사회적 공분을 사고 있다. 더욱이 교장과 학교 성폭력고충처리위원회 책임교사까지 포함되어 충격적이다. 매우 개탄스러운 일이다. 이제는 학생보다도 교원이 먼저 인간으로서의 도인 인성교육을 받아야 할 상황이다. 지난 7월 21일 시행된 인성교육진흥법 제1조에는 "인간으로서의 존엄과 가치를 보장"하고, "건전하고 올바른 인성(人性)을 갖춘 국민을 육성하여 국가사회의 발전에 이바지함"이 목적이라고 명시되어 있다.

지난해 초부터 장기간에 걸쳐 여교사와 여학생이 "인간으로서의 존엄과 가치를 보장"받지 못하고 성범죄에 시달려왔다. 그럼에도 불구하고 학교와 교육청이 적시에 적절한 행정조치를 하지 않았다. 실망스러운 교육행정이다. 뒤늦게 현장조사에 나선 서울시 교육청 감사관이 음주 상태에서 감사를 진행하여 말썽이 되고 있다. 정말 어처구니가 없다. 동법 제2조에는 "예(禮), 효, 정직, 책임, 존중, 배려, 소통, 협동"과 "공감 소통하는 의사소통 능력이나 갈등해결 능력"을 인성교육의 목표로 제시하고 있다. 학생뿐만 아니라 교원과 행정가에게 모두 필요한 가치와 덕목, 능력이다.

첫째, 교육당국은 교원양성교육이나 교원연수교육을 통해 교원이 이런 가치와 덕목, 능력을 기를 수 있는지 검증해야 한다. 4주간의 학교현장실습도 검토대상이다. 1년간의 학교현장실습을 통해 교원으로서 자질을 함양하고, 교사후보자에 대한 관찰을 통해 교사의 자질을 판단하여 임용하는 미국과는 달리, 시험 위주로 선발하여 배치하는 한국의 교원임용제를 개선할 필요가 있는지 검토해야 한다.

둘째, 문제 교사를 퇴출시키지 않고 타교로 전출시켜 문제를 덮어버리는 악순환의 고리를 끊고 교사가 재직학교에 충성심을 발휘하도록 만들기 위해서는, 순환 근무하는 한국의 교원인사제도가 적절한지도 함께 검토할 필요가 있다. 덴마크는 초등학교 1학년부터 중학교 3학년까지 9년간 한 사람의 담임교사가 맡아서 교육하는데 장점이 많다.

셋째, 성윤리 확립을 위해 교원은 하늘이 자신에게 부여한 직업적 천명과 지켜야 할 세상의 본성이 무엇인지 성찰할 필요가 있다. 교육당국은 천명을 거부하고 사람의 길을 가기를 외면하며 짐승의 길을 가는 일부 교원의 일탈행위를 근절할 수 있는 근본적인 처방을 내놓아야 한다.

교원의 위기는 학교의 위기이다. 학교의 위기는 국가의 미래 위기로 직결된다. 학교는 학생이 장차 건강한 국민으로 살기 위해 필요한 도를 닦

는 곳이다. 교원이 평소에 도를 닦지 않으면 학생들이 도를 닦도록 도와주기가 어렵다. 교원의 질은 교육의 질을 좌우하며, 학생의 인생에 막대한 영향을 끼친다. 좋은 교원은 좋은 영향력을, 나쁜 교원은 나쁜 영향력을 끼친다. 좋은 교원은 칭찬받고 나쁜 교원은 퇴출되는 당연한 장치가 마련되는지 지켜볼 일이다.

2015.08.05. 문화일보

한국이 경제협력개발기구(OECD) 국가 중 학생과 교장에 의한 교사 평가도에서 최하위 수준인 것으로 나타났다. 교사 평가도가 낮은 이유는 무엇일까?

첫째, 교사의 과도한 잡무가 학생지도에 전념할 수 없게 만드는 장애요인이다. 최근 한 조사에 따르면 광주시교육청과 지역교육청 산하 초등학교, 중학교, 인문계 고등학교, 실업계 고등학교 6개교씩 24개교를 조사한 결과 2002년 3월부터 2003년 3월까지 1년 동안 해당 교육청으로부터 받은 공문이 1000건을 넘은 것으로 조사되었다. 그 외에도 각종 협의체 회의, 설문조사 등 과도한 잡무가 교사에게 부과되는 것으로 밝혀졌다.

둘째, 시험 위주의 교사임용제도는 전문직으로서 갖추어야 할 교사로서의 역량을 평가하기에는 부족한 제도이다. 교사가 갖추어야 할 기본적인 자질은 교과 내용 전문가, 교수학습 전문가, 상담 전문가, 학급 경영자, 그리고 학교사회 지도자로서의 역량이다. 현행 시험 위주의 임용제도는 전공 교과

교사 OECD 꼴찌 오명 벗자

내용 학과 교육학 두 과목 만을 시험으로 평가하기 때문에 진정한 교사로서의 역량을 평가할 수 없는 한계점을 갖고 있다.

셋째, 교사 양성과 연수를 할 때 교사의 책무와 역량을 체계적으로 분석한 바를 토대로 교육과정을 편성해야 하지만, 아직도 과거의 교육과정 모형을 그대로 사용하고 있는 점이다. 더욱이 학습자인 학생과 경영자인 교장의 교육적 요구 조사를 반영하지 않는 교원 양성과 교사연수 기관의 교육과정도 평가도를 떨어뜨리는 요인이다.

넷째, 학교는 학생 선택의 자유가 없고, 학생은 학교 선택의 자유가 없는 평준화 지역의 학교에서는 교장이 수업 리더십을 발휘하여 학생들이 과목별·수준별 이동수업을 하도록 해줄 필요가 있다. 그러나 교장이 그러한 리더십을 발휘하지 않는 학교에서는 학생들의 만족도는 저하될 수밖에 없는 구조적 요인을 안고 있다.

다섯째, 교사를 평가한 교장들과 학생들의 인식도 문제이다. 학습의 일차적인 책임은 학생 개개인에 있고 교장도 리더십을 발휘해야 한다. 그럼에도 모든 것을 교사 책임으로 돌리는 것은 무책임하다.

이와 같은 문제점을 해결하기 위해서는 관련기관과 교육관계 이해 당사자들이 모두 합심해서 노력해야 한다. 교사의 잡무를 줄일 수 있는 제도적 혁신을 이뤄나가야 한다. 시도 교육청은 교사의 잡무를 줄일 수 있는 획기적인 조치를 강구해야 한다. 탁상공론이 아니라 단위학교 현장을 발로 뛰면서 교사들의 잡무를 없앨 수 있는 방안을 강구하여야 할 것이다.

또 시험 위주의 현행 교원임용 제도를 현실에 맞게 혁신해야 하고 교원 양성기관과 연수기관은 교육과정 모형을 지식정보화시대에 걸맞게 바꾸어야 교사의 질을 높일 수 있다. 이 밖에 평준화된 학교건 비평준화된 학교건 간에 교장은 본 수업이 과목별 수준별 수업이 되어 학생들이 자기 수준에 맞추어 학습할 수 있도록 리더십을 발휘하여야 한다. 현재는 본 수업은 수준별로 하지 않고 방과후 보충수업을 수준별로 하는데, 이는 본말이 전도된 수업정책이다. 방과후에는 직업적인 재능을 발견할 수 있는 직업진로 탐색교육을 해야 21세기의 경쟁력인 창의적인 재능을 개발할 수 있다.

마지막으로 교사가 만족해야 학생이 만족할 수 있다는 점을 알아야 한다. 교사가 만족할 수 있도록 동기를 부여하는 일은 교장의 몫이다. 교장은 교사를 움직이는 리더십을 발휘하고 교사는 학생을 움직이는 리더십을 발휘해야 한다. 그러기 위해서 학교는 학생들이 알기 위한 학습, 실천하기 위한 학습, 남과 더불어 살아가는 방법을 배우는 학습, 그리고 자기 존재가치를 발휘하는 학습의 장소가 되어야 한다.

2004.06.15. 세계일보

문제해결력 1위의 허상

최근 경제협력개발기구(OECD)가 발표한 학업성취도 국제비교 연구(PISA) 결과를 보면, 한국 학생들의 성적은 최상위권인 데 비해 학습흥미도와 학교에 대한 만족도는 최하위권이다. PISA는 2000년 31개국을 대상으로 처음 시행된 이후 3년 만인 2003년 6월에 회원·비회원 41개국을 대상으로 문제해결력, 수학, 과학, 읽기 평가가 실시됐다.

영국은 표본이 작아서 분석 대상에서 제외돼 40개국의 만 15세인 고교 1학년생 28만명을 대상으로 분석하였고, 한국은 151개교 5612명이 참여했다. 한국의 고1학생의 학업성취도는 종합 1위인 핀란드에 이어 2위이고 문제해결력 1위, 읽기 2위, 수학 3위, 과학 4위를 차지해 칭찬받을 만하다. 그렇지만 수학에 대한 흥미도 31위, 학습동기 38위, 학교에 대한 태도 37위, 학교소속감 35위, 교사의 수업지도에 대한 평가가 35위라는 점에서 학교교육의 위기상황이 그대로 드러난 것이다.

핀란드는 학교교육의 결과로 전체 1

등을 차지하였고, 다른 나라에서는 핀란드 교육의 성공요인이 무엇인지 배우려 하고 있다. 그러나 전체 2등을 차지한 한국의 교육에 대해서는 과외교육 덕분이라고 힐난하고 있다. 특히 평가 결과 발표 당일 독일교사협회장은 "한국의 많은 학생들이 과외를 하느라 밤 10시가 넘어야 귀가하고, 부모들은 평균 연간 수입의 4분의 1을 투자한다. 이런 비인간적인 교육 때문에 학생들의 정신이 파괴되고 있다"고 비판하였다.

한국 학생들의 높은 성취도가 교육정책의 결과라고 생각한다면 오산이다. 한국 학생들도 학교를 행복한 배움의 마당으로 인식하고 과외교육 없이 학교 교육만으로 우수한 성적을 거두려면, 사교육 없이 세계 1위를 기록한 핀란드 교육의 세 가지 성공요인을 주목해야 한다.

첫째, 핀란드는 정부와 단위학교의 역할분담이 잘되어 있고, 학교 운영의 자율성을 부여한 것이 특징이다. 과거 정부 통제 중심으로 시행하던 교육정책을 1990년대 초에 들어와 분권화하고 학교 운영에 최대한 자율성을 부여하였다. 그렇지만 모든 것을 학교에 맡기는 방임형 자율은 아니다. 예컨대 핀란드 정부는 1996년부터 수학과 과학 과목의 교수법을 개선하기 위해 루마(LUMA) 프로그램을 실시하여 과학실험실과 컴퓨터를 최신화하고 실험실습 활동을 강화하며, 교사들에 대해 교과 내용과 교수법을 지속적으로 교육하고 있다.

둘째, 교사의 질이 우수하며 교사가 존중받는 나라이다. 이 나라에서 초중등학교 교사가 되려면 교육학 석사나 교과교육학 석사학위를 얻어야 하며, 성적이 상위 10% 이내에 들어야 교사자격증 취득 프로그램에 들어갈 수 있다. 교사는 사회적으로 매우 중요한 직업으로 인정받고 있으며, 입문하기도 매우 어려워 자부심도 대단하다. 교사들은 석사학위 과정에서 전공과목뿐만 아니라 연구방법 과목을 이수했기 때문에 교육문제를 스스로 분석하고 해결하면서 학생들을 지도하고 있다.

　셋째, 핀란드 학교에서는 학생 중심의 교육과정이 운용되고 있다. 본인의 소질과 적성에 따라 상담과 진로 진도를 하며 자신의 능력에 따라 과목·수준별로 개별화된 학습을 할 수 있다. 다른 학교에 가서 수업받을 수도 있으며, 부진 과목은 학교에서 개별지도를 받는다.

　고교 졸업시험의 과목은 모국어 제2공식어 외국어 수학 등 4가지가 필수과목이고, 인문사회과학 또는 자연과학 중 1과목을 선택해 5과목으로만 정해져 있다. 한국의 교육 관계자들은 PISA 결과에 고무되어 안주해서는 안 된다. 핀란드 학교가 한 아이라도 낙오시키지 않으려는 확고한 교육철학을 바탕으로 학생의 능력과 소질에 맞는 학습기회를 제공하고, 교육개혁을 통해 수준 높은 교사의 질을 유지하며, 자율적인 학교 운영을 통해 성공적인 공교육을 이뤘음을 명심해 우리도 지속적인 교육혁신을 추진해야 한다.

2004.12.11. 세계일보

특목고와 학원, 헤어져야 할 시간

김포외고 입시문제 유출에 교사가 개입했다는 사실은 충격적이다. 특히 내신 위주의 입시를 권장하고 있는 마당에 입시문제마저 교사에 의해 유출되고 말았으니 내신의 공정성조차도 신뢰할 수 없게 되어 안타깝다. 신뢰사회의 출발점이어야 할 학교사회가 입시의 생명인 공정성과 투명성을 훼손시킨 이 사건은 그동안 특목고를 지지한 사람들을 실망시키는 것은 물론 국가와 국민을 배신한 반교육적, 반사회적 행위로 지탄받아 마땅하다.

그렇다고 일부에서 주장하는 것처럼 특목고를 폐지하는 방안이 해결책인 것은 아니다. 학원과 특목고의 검은 유착이 드러난 마당에 기존의 부실한 시스템은 그대로 두고 해당 학교만 폐지한다고 문제가 손쉽게 해결되는 것은 아니다.

교사가 학원은 물론 학부모에게까지 문제를 유출한 것은 개인이 학교사회의 신뢰를 파괴하지 못하도록 막을 수 있는 기본적인 관리시스템이 제대로 작동하지 않았다는 증거이다. 학교 컴퓨터가 아닌 교사 개인 컴퓨터를 사

용한 것도 문제이지만, 입시로 저장된 문제를 삭제하지 않고 컴퓨터에 그 대로 방치하여 문제 유출을 방조한 것을 보면 입시 관리시스템이 있는지 조차 의심스럽다.

학원과 학교의 검은 유착문제는 김포외고 한 곳만의 문제가 아니라는 의혹이 제기되고 있다. 이번 사건을 계기로 특목고는 국민의 용서를 받을 수 있도록 진정으로 환골탈태(換骨奪胎)하는 모습을 보여주어야 한다. 그 러기 위해서는 특목고 입시의 근본적인 문제를 재점검할 필요가 있다.

문제는 출제위원을 고등학교 교사로 한정하는 데에서 비롯된다. 특목 고는 중학교의 심화학습 과정 범위 내에서 출제한다고 주장하지만 실제 로는 고교 교사들이 출제하니까 중학교 교육 과정 범위를 넘어 출제하게 된다. 이는 특목고 입시 준비를 하는 학생들로 하여금 학원을 가도록 만 드는 요인이 되고, 특목고가 사교육의 주범으로 매도되는 이유이며, 학생 이 많이 몰리는 학원을 찾아 지원자 유치를 하는 특목고가 학원과 유착 하게 되는 원인이 된다.

특목고 입시 준비 학원의 교육 과정을 보면 외고 준비반은 고1과정까 지, 과학고 준비반은 적어도 고2과정까지 선행학습을 하도록 짜여 있다. 영재교육과 전문 인력 양성을 위한 특수목적고가 선행학습 위주의 입시를 출제하여 전문 학원의 영업활동을 돕는 행위는 어떤 논리로도 합리화될 수 없다. 지금처럼 고등학교 교육 과정을 중학교 단계에서 먼저 이수해야 특목고 입시 준비를 할 수 있다면 고등학교는 도대체 무엇 때문에 존재 하는지 의문이다. 그러므로 특목고는 선행학습 위주가 아닌 독창적인 방 법으로 중학교 교육 과정 범위 안에서 특목고의 장점을 살릴 수 있는 전 형방법을 개발하여야 교육 과정 운영의 정당성을 확보할 수 있다.

교육청이 학교와 학원 간 유착의 고리를 끊지 못하면서 두 기관을 동시 에 관리하는 문제도 재점검하여야 한다. 입시 출제와 관리는 일차적으로 학교의 책임이지만 관리시스템을 만들어 감독하는 곳은 교육청이고, 사교육의 대종을 이루는 학원을 감독하는 곳도 교육청이다. 학원을 교육기관으로 간주하여 현행대로 교육청이 계속 관장할 것인가, 아니면 미국이나 일본처럼 영리기관으로 간주하여 교육당국이 손을 뗄 것인가를 검토할 필요가 있다. 일본의 경우는 교육당국이 학원 감독에서 손을 떼자 학원수가 66% 정도 감소되었다. 문부과학성이 관리할 때는 부실한 학원들도 교육당국의 보호막 속에서 안주할 수 있었는데, 보호막이 사라지자 경쟁력 있는 학원만이 살아남아 오히려 사교육이 대폭 감소되는 효과를 보았다. 타산지석(他山之石)으로 삼을 만하다.

2007.11.15. 조선일보

교육,
개악 쉽지만
개선은 어렵다

개정된 사립학교법에 반대하는 사립학교들이 학생 배정 거부라는 투쟁수단을 택하는 사상 초유의 상황이 발생했다. 그러나 어떤 상황에서도 학생의 학습권은 보호돼야 하고, 학교의 자율권도 보장돼야 한다. 따라서 자율권 훼손을 이유로 신입생 배정을 거부하던 제주지역 사립고 교장단이 사학법 반대투쟁에는 계속 동참하지만, 일단 2006년도 신입생 배정을 받기로 발표해 국민의 우려를 불식시킨 것은 불행 중 다행이다. 건학이념이 독특한 사학의 자율권은 보장되는 것이 마땅하다. 자율에는 책무가 수반되므로 책무 없는 자율은 있을 수 없으며, 학생의 학습권 보호는 사학의 책무인 까닭에 신입생 배정을 받는 것이 순리다.

그렇지만 타 지역의 일부 사학은 "제주지역이 배정 거부 방침을 바꾼 것은 온당치 못한 행동"이라며 학교 폐쇄도 불사할 것이라는 강경 입장을 고수하고 있고, 교육인적자원부는 "신입생 배정을 거부하는 사학에 대해서는 모든 법적 수단을 동원, 범정부 차원에서 강력 대처할 것"이라고 밝히고 있다. 양측 모두 대화를 통한 문제 해결엔 뜻이 없는 것으로 보인다. 가장 교육적이어야 할 곳이 가장 비교육적 방법으로 문제를 해결하려는 자세가 그저 안타까울 따름이다.

교육 개악은 간단하지만 교육 개선은 쉽지 않다. 교육혁신은 모든 선진 국가가 경험하고 있듯이 이해 당사자들이 인내를 갖고 대화를 통해 문제를 해결해야 하는 난제다. 교육은 학교사회의 문화를 함께 바꿔나가는 부단한 노력이 축적돼야만 비로소 혁신될 수 있다. 왜곡된 교육정책이 실시된다면 학생들의 인생은 물론 지역사회와 국가의 미래에 중대한 영향을 끼치게 된다.

세계 각국은 지금 교육개혁과 혁신을 통해 국가경쟁력을 높이고 있다. 그러나 한국 교육은 조기 유학, 교육 이민, 기러기 아빠의 죽음, 학교 폭력 등의 고통은 해결하지도 못하면서 개정사학법 갈등으로 국가 에너지만 낭비하고 있다. 실로 나라의 미래가 암울하기 짝이 없다. 21세기 지식기반 사회에 개인과 국가가 생존하기 위해서는 세계를 상대로 경쟁할 수 있는 인재를 양성해야 한다. 그러기 위해서는 투쟁과 진압이 아닌 대화와 협상을 통해 교육을 바꿔나가야만 한다.

사립학교의 학생선발권을 제한하는 나라는 한국 이외에 이 지구상에서 찾기 어렵다. 과거 중국이 공산화되면서 사립학교를 아예 국립으로 전환한 경우는 있었지만 사립이라는 형태를 그냥 두고 국·공립처럼 통제하는 나라는 찾기 어렵다. 따라서 사학 문제 해결은 학생선발권을 되돌려 주는 데서 출발해야 하지 않을까. 종교계 사학부터 단계적으로 학생선발권을 되돌려 주는 것도 해결방안이다. 초·중등학교와 대학이 서로 다름에도 불구하고 사학법이라는 한 틀에서 모든 사립학교를 획일적으로 다룰 것이 아니라 학교급별, 정부에의 재정 의존 정도, 문제 사학 등 특성에 맞게 분리하는 게 다양화와 분권화를 지향하는 대안이다.

미국·영국·일본의 사학은 국가가 법률로 개방형 이사제를 강제하지 않고 학교가 자율적으로 실시할 뿐 아니라, 그들이 국가 교육 발전의 동력으로 활용하고 있는 학생선발권과 교육과정 편성권을 비롯한 학교 행정의 자율권을 보장하는 것도 눈여겨봐야 한다. 우리에게도 이런 조건이 갖춰져야 그들과 대등하게 경쟁해 미래 기회를 창출할 수 있다.

사학법 문제를 해결하기 위해서는 정부와 사학은 물론 여당과 야당의 수뇌부도 각각 민심을 정확하게 읽어야 한다. 민심은 투쟁과 진압을 원하지 않고 민주적 절차에 의해 투명한 대화와 협상을 통해 미래 창조적인 국가를 만들기 위한 교육정책을 도출하기를 원한다.

2006.01.08. 중앙일보

고교교육 틀 새로 짜라

지금은 정부가 고등학교 교육의 새로운 구상과 전략을 내놓을 때이지, 부동산 종합대책의 일환으로 땜질식 교육 처방을 할 때가 아니다. 불과 한 달 전에 건교부는 판교신도시에 학원단지를 조성하여 서울 강남지역 대체효과를 노리겠다는 정책을 발표했었다. 그러다가 국민 여론에 밀려 학원단지 조성은 백지화하고 자립형 사립고와 특수목적고를 유치하는 것으로 바꾼 바 있다.

그런데 최근 언론 보도에 따르면, 정부는 "부동산 가격 상승의 원인인 서울 강남에 대한 교육 수요를 분산시키기 위해 강북 뉴타운지역에 특목고와 자립형 사립고를 많이 세울 계획"이라며 "특목고 입학시 강북지역 학생들에게 인센티브를 주는 방안이 오는 29일 발표할 부동산 종합대책에 포함될 것"이라고 했다.

이미 성북구 길음뉴타운에는 사설학원이 모일 수 있는 학원단지를 마련하여, 자립형 사립고와 연계한 에듀파크를 만드는 기본계획을 확정했다고 한다. 정부는 일반 고교보다는 자립형

사립고나 특목고가 학부모에게 더 매력적이라고 판단하는 것 같다. 정부 대책이 이렇게 나오니까 사람들은 서울 강남지역에 자립형 사립고와 특목고가 꽤 많이 있는 줄 착각하고 있다. 사실은 서울지역에는 현재 단 한 곳의 자립형 사립고도 없다. 강남·서초·송파구에는 외국어고나 과학고가 한 군데도 없다. 대부분의 특목고는 강북지역에 있다.

몇몇 자립형 사립고와 특목고가 일부 학생들의 교육 수요는 충족시킬 수 있겠지만, 나머지 대다수의 학생들은 현재의 상태로 방치할 작정인지 걱정이다. 전국 곳곳을 모두 강북 뉴타운처럼 개발하지 않는 한, 정부가 계획하는 뉴타운은 희소가치로 인해 또 다른 부동산 투기장으로 변질될 우려가 있다.

교육에 있어서 평등성도 중요하고 수월성도 중요하다. 문제는 고등학교 수준에서 수월성을 도외시하는 데에 있다. 학생 능력을 고려하지 않는 획일적인 평등적 교육 틀을 바꾸지 않고서, 역대 정부가 무수한 교육정책을 시행했지만, 아직도 학부모는 엄청난 사교육비에 몸살을 앓고 있으며 공교육은 정상화의 기미를 보이지 않고 있다.

그 이유는 학업 수준이 천차만별(千差萬別)인 학생들을 추첨에 따라 배정받은 고등학교가, 과목별·수준별로 반을 편성해서 학생 수준에 맞게 교육시키지 않기 때문이다. 그래서 학생들은 자기 수준에 알맞은 교육을 받을 수 있는 과외나 사설 학원을 찾아가게 되므로, 학교 교육이 황폐화된 것이 사실이다. 지금은 평준화 지역에 거주하면 추첨으로, 비평준화 지역에 거주하면 경쟁 입시로 고교에 진학하는 제도이므로 선택의 자유가 없다. 고교 교육의 새로운 구상은 교육 수요자들에게 선택의 자유를 주는 것에서 출발해야 한다. 전국 시·군·구의 지방자치단체가 교육구청과 손잡고 일반계 고교를 자립형 사립고, 자율형 공립고, 특성화고, 특수목적고 등 다양한 학교로 전환하거나 유치해야 학생에게 선택의 자유를 보장할 수 있다. 그렇게 되면 지자체간의 교육 경쟁이 치열해져서 고교 교육이 살아날 수 있고, 사교육도 본래의 보조적인 역할로 제자리를 찾아갈 수 있다.

학생이 평준화된 학교에 다니든 비평준화된 학교에 다니든 간에 자기 수준에 맞는 교육을 받을 권리가 있다. 현재의 평준화 틀에서도 학교에서 이러한 학생의 학습권이 보장된다면, 고교 교육이 정상화될 가능성이 있다. 학교는 학력 수준별로 학년에 관계없이 과목별 반 편성을 하여 학생들이 자기 수준에 맞는 공부를 할 수 있도록 도와주면 된다. 예를 들면, 2학년 수준의 수학 실력을 갖춘 1학년 학생이 반드시 1학년 교실에서 수학 수업을 받아야 하는 것이 현 실정이다. 그러나 이 학생을 2학년 교실의 자기 수준에 맞는 그룹에 가서 공부할 수 있도록 하고, 만약 고교 수준 이상의 수학 실력을 가진 고등학생이라면 대학에 가서 학점을 이수할 수 있도록 틀을 바꾸는 것이다.

교육의 수월성과 평등성은 똑같이 존중돼야 한다. 학생의 능력과 관계없는 절대적 평등성을 추구하는 정책은 교육을 공황으로 몰아가고 있다. 학생의 수학 능력을 고려한 상대적 평등성을 보장하는 틀로 바꿔야 교육이 혼돈 상태에서 벗어날 수 있다. 교육의 상대적 평등성이 보장될 때, 교육의 수월성을 추구할 수 있고 국가의 미래를 이끌 인재를 제대로 양성할 수 있다. 선택의 자유를 보장하는 교육의 틀로 새롭게 구상할 생각은 없는가.

2003.10.24. 문화일보

선택·자율·경쟁의 교육정책을

교육은 전체 국민의 관심사이며 국가의 미래 기회를 창출할 핵심 기능이다. 신임 교육부총리는 "교육은 그 동안 희망과 용기의 원천이 아닌 좌절과 실망의 씨앗 역할을 했다"고 진단했다. 같은 날, 교육부는 작년도 국가 수준 학업 성취도 평가 결과 "초등학교에서 중·고교로 학년이 올라갈수록 기초학력 미달 학생이 많아져, 고교 1학년의 경우 10명 가운데 1명꼴로 기초학력이 부족하다"고 발표했다.

교육 경쟁력이 문제되는 상황에서, 교육부총리가 "앞으로는 희망을 안겨주는 교육행정을 펴는 한편 견실한 대중교육 및 공교육 기반 위에 경쟁력 있는 엘리트 교육도 제 빛을 발하도록 하겠다"고 밝힌 것을 환영한다. 교육부 직원들은 불철주야로 열심히 일하지만, 국민이 체감하는 한국 교육의 현실은 밝지 않다. 그 이유는 정책의 토대가 되는 원칙이 제대로 설정돼 있지 못하기 때문이다. 교육부총리가 아래의 세 가지 원칙을 바탕으로 교육정책을 펴주기를 주문한다.

첫째, 선택의 자유를 주자. 사교육비

부담을 줄이려면 공교육이 정상화돼야 한다. 공교육이 정상화되려면 학생에게는 학교 선택의 자유를 주고, 학교에는 학생 선택의 자유를 주는 것이다. 평준화된 고등학교, 특정 종교학교, 특목고, 특성화된 실업고, 자립형 사립고, 자율형 공립고, 대안학교 중에서 선택할 수 있도록 하고, 평준화된 고등학교 안에서도 과목별·수준별로 선택할 수 있는 자유를 줘야 한다. 기숙형 학교를 선호하거나 엘리트 교육을 받고 싶은 학생에게는 그러한 학교를 제공하고 그들이 선택할 자유를 주어야 한다. 선택의 자유를 주려면 국민들의 서로 다른 요구를 충족시킬 수 있도록 교육 체제가 변화해야 된다. 국공립과 사립의 역할 분담으로 선택의 자유를 충족시킬 수 있는 방안도 대안 가운데 하나이다. 교육의 공공성을 중시하는 국민에게는 세금으로 운영되는 국공립학교를 선택할 자유를 주고, 독창성을 중시하는 국민에게는 특별한 건학 이념에 의해 설립된 사립학교를 선택할 자유를 주는 방안이다.

둘째, 자율의 원칙이 있어야 한다. 학교가 변화해야 교육이 변화할 수 있다. 학교가 변화하려면 타율로는 한계가 있다. 어떤 학교든 자율을 주고, 선택은 교육 소비 주체에게 맡기며, 정부는 학교의 책무성을 감독하면 될 것이다.

대학 입시의 경우, 국가가 꼭 수능을 관리해야 할 이유는 없다. 대학입시 문제를 대학교육협의회와 전문대학교육협의회가 자율적으로 결정하도록 일임하면 될 것을 정부가 매년 수능 때문에 혼란을 자초하고 있다. 현행 수능 제도를 유지하는 한, 앞으로도 수능 문제로 교육계가 혼란에 빠지지 않는다고 보장할 수 없다. 수능 점수로 여러 가지 유형의 전국 4년제 대학과 2년제 대학이 서열화 되는 것은 전형적인 타율적 교육정책의 결과다. 고등학교는 수능 점수에 따라 학생들의 진로를 지도하기 때문에 특별한 직업 진로 탐색 교육을 하지 않는다. 점수에 따라 대학과 전공을

배정당한 학생들은 결과적으로 청년 실업으로 연결되고 만다. 이런 현상 때문에 한국의 대학들이 지식기반 시대에 필요한 인재를 양성할 수 있도록 특성화되지 못하고 실업자를 양산하는 곳으로 변하고 있다.

셋째, 학교간 경쟁이 필요하다. 학교가 서로 경쟁해야 공교육이 살아날 수 있다. 학교가 부실한 상태에서 학생 개인간의 경쟁으로 방치하면, 사교육 의존도가 높아지고 아버지의 재력과 어머니의 정보력에 의해 자녀의 미래가 결정돼 사회 계층의 재생산이 고착될 위험이 있다. 학교가 살아나면 교육의 부익부 빈익빈(富益富 貧益貧) 현상이 타파될 수 있다.

한국의 교육시장을 넘보는 교육 선진국들은 학교간의 경쟁이 치열하다. 중국과 러시아 등 사회주의 국가들도 예외는 아니다. 선진국들은 교육을 국가 전략산업으로 지정하여 외국의 교육시장을 넘보는 데 비해, 그 동안 한국 교육계는 낡은 이념 논쟁에서 헤어나지 못하고 있다. '교육부문의 국제 거래를 위한 국가위원회'를 구성하여 전자 학습을 포함한 타국의 교육시장 개방에 전력을 기울이고 있는 나라가 있는가 하면, '국제 교육의 품질인증센터'를 구축하여 활동을 펼치는 외국의 학교도 있다. 교육 개방 시대를 맞아 이제 한국 교육도 국민의 다양한 요구를 수용할 수 있도록 교육부총리가 선택·자율·경쟁의 원칙을 담은 교육정책을 펴기를 기대한다.

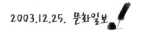

2003.12.25. 문화일보

대통령 직속 교육혁신위원회는 오는 8월까지 내신성적 중심의 대학입시안을 마련할 예정이다. 그리고 대통령 직속 과학기술자문회의가 2008학년도 입시부터 이공계에 한해 수능이 아니라, 대학 자체적으로 실시하는 수학과 과학 시험만으로 선발하는 방안을 요구하기도 하여 대입 선발시험에 관한 대통령 직속기구들의 역할이 커지고 있다.

정부는 그 동안 기회 있을 때마다 대학 입학 전형의 대학 자율 원칙을 천명해 왔다. 그러나 고교 교육의 정상화 도모와 합리적인 학생 선발의 최소 기준으로 논술와 필답고사와 학교 차이를 인정하는 고교등급제는 제한하고 있다. 따라서 교육혁신위원회가 내신 위주의 대학입시 방안을 마련하는 것은 여간 어려운 숙제가 아니다.

교육혁신위는 내신성적과 관련, 현존하는 다음과 같은 문제점을 해결할 수 있는 방안을 마련해야 할 것이다. 왜냐하면 정부가 대학 당국에 요구하는 입시 원칙은 적법성·타당성·신뢰성·공정성이기 때문이다.

입시개혁, 내신 공정성에 있다

첫째, 학교간의 차이를 인정하지 않는 내신성적의 적용이 적법성이 있느냐는 문제를 검토해야 한다. 지금은 학생이 거주하고 있는 지역이 평준화지역이냐 비평준화지역이냐에 따라 학교선택의 자유가 제한되고 있어 학교간 차이를 인정하지 않는 내신성적 적용이 적법하다고 보기 어렵기 때문이다. 현재 23개 지역에서 68%의 고등학생이 평준화 학교에 재학중이고, 그 나머지 32%의 고등학생은 비평준화 학교에 재학중이다. 평준화된 지역의 학교와 비평준화된 지역의 학교 사이에 차이가 있을 뿐만 아니라 평준화 지역 내의 학교간 차이가 엄존하지만 학교간 차이를 인정하지 않는 것이 과연 적법성이 있는지를 따져보고, 2008학년도부터 내신 위주의 대입 전형이 이뤄지면 학교간의 실력 차이를 어떤 방법으로 인정할 것인지에 대한 방안을 내놓아야 한다.

둘째, 교과 이외 영역에 내신성적에 대한 교사 평가의 타당성과 신뢰성을 어떻게 보증할 것인지가 문제다. 2005년도 정시 모집 기준에 따르면 수능성적 50% 이상을 반영하는 대학이 136개교이고, 학생부 교과 성적의 실질 반영 비율은 10.73%다. 그러나 2008학년도 이후에는 수능 없이 신입생을 선발하는 대학도 늘리고, 고교 교사의 평가를 중시하여 학생부 반영 비율을 증가시킨다는 것이 교육 당국의 대입정책 변화 방향이다. 학생에 대한 교사의 평가 비중을 높이기 위해 교육 당국은 교과 성적뿐만 아니라 비교과 영역도 내신에 포함시킨다고 하는데, 비교과영역 평가는 매우 주관적이므로 객관성이 보장되지 않는다. 만약 비교과 영역을 대입 내신에 포함시킨다면 신뢰도와 타당도를 어떤 방법으로 보증할 것인지에 대한 방안을 내놓아야 한다.

셋째, 내신의 공정성을 어떻게 담보하느냐가 문제다. 학교마다 경쟁적으로 실시하고 있는 교과성적 내신 부풀리기를 어떤 방법으로 정상화할 것인지에 대한 방안을 내놓아야 한다. 학교내 차이를 어떻게 내신에 공정하게 반영할 것이냐 하는 문제는 더욱 심각하다. 학교 교육 정상화 대책의 일환으로 수준별 이동수업이 실제로 시행될 경우, 수준별 학력차를 인정하지 않고 모든 단계에 대해 절대평가를 할 것인지, 아니면 상위수준·중간수준·하위수준 단계별로 절대평가나 상대평가를 할 것인지, 그 평가 결과를 어떤 방법으로 내신에 반영할 것인지에 대한 방안을 내놓아야 한다. 한편, 내신 위주로 대학입시를 치를 경우, 서로 다른 교육 과정을 이수한 다양한 목적의 고등학생들을 어떻게 공정하게 비교평가 하느냐 하는 문제가 남아 있다. 일반계 고교, 특성화된 실업계 고교, 특수목적 고교, 대안학교, 방송통신고, 그리고 고등학교 학력 인정 평생교육기관들의 교육과정은 설립 목적에 따라 저마다 다양하고 특색이 있다. 다양한 목적의 고등학교에 재학중인 학생들의 내신을 어떻게 공정하게 적용할 것인지에 대한 방안을 내놓아야 한다.

대학 입시에 종속된 학교 교육을 정상화하기 위해 2008학년도 대입부터 수능시험 비중을 낮추고 교사의 학생 평가 비중을 높여 내신 위주로 대학 신입생을 선발하는 방안을 오는 8월까지 교육혁신위원회가 마련할 것이라는 교육부총리의 약속에 국민들이 거는 기대는 높다. 교육혁신위의 내신 중심 대학입시 방안도 적법성·타당성·신뢰성·공정성의 원칙을 담아야 할 것이다.

2004.03.04. 문화일보

교육부가
대입정책
조율하라

교육문제는 학생과 학부모 입장은 물론 국가 미래의 비전 구현 차원에서 바라봐야 해결점이 나온다. 그렇지 않고 교육문제를 본인이 몸담고 있는 기관 입장에서 보고 교육정책을 내놓으면 기관의 입장에 따라 정책이 결정될 가능성이 있기 때문에 학생과 학부모는 피해를 보게 된다. 대학입시에 관해 대통령 직속 교육혁신위원회는 수능 폐지를, 교육인적자원부는 수능 역할의 점진적 축소를, 국립 서울대는 수능 중심의 선발을 각각 추진하고 있다. 이상의 3개 기관은 모두 국민의 세금으로 운영되는 국가기관들이다. 국민의 세금을 쓰는 정부기관은 기관의 입장보다는 국민의 입장에서 생각하고 국민을 위하는 교육정책을 내놔야지, 국민을 혼란에 빠뜨리고 국민들이 불안해하는 정책을 내놔서는 안 된다.

정부기관이 정책을 발표하기 전에 관계 기관 간에 상호 조율과 조정을 거쳐야 한다. 그럼에도 불구하고 각자 경쟁적으로 국민에게 발표해 버리고 만다. 현 정부 출범 후 청와대 교육문화수석이 없어지고 나니 교육정책을 조정하는 기능이 약화되거나 없어져 버려 사전 조정이 되지 않은 주장과 정책이 불쑥불쑥 튀어나와 국민을 혼돈 속에 빠뜨리고 있는 것 같다. 현재 중3학생들이 대학입시를 치르는 2008학년도부터 내신 중심의 대학입시를 치르도록 하는 안(案)을 대통령 직속 교육혁신위원회가 오는 8월말까지 마련할 것이라고 교육부총리가 발표한 지 한 달이 채 못 된 상태에서, 서울대는 2005학년도 입시를 사실상 수능 중심으로 학생을 선발하겠다고 발표했다. 내신 등급을 과목별로 5등급을 나누어 등급에 따라 점수를 준다는 서울대 방식에 따르면 상위 10% 이내에 들어가는 학생들에게 똑같은 점수를 주므로 실질적으로 학생부 성적이 반영될 여지는 거의 없게 된다.

교육인적자원부는 공교육 정상화와 사교육비 절감을 위해 교육방송과 인터넷을 통해 수능 과외를 실시하고 있다. 특히, 교육방송 수능강의에서 다룬 문제를 수능에 출제하겠다고 하여 학교와 학원은 교육방송 해설 강의 준비로 바쁘고, 교육방송 교재 출판을 맡은 회사는 대박을 터뜨리고 있으나 다른 참고서 제작 회사들은 파산 위기에 내몰리고 있다. 가히 대한민국은 수능공화국이라고 할 수 있는 현상이 벌어지고 있는 것이다. 또한 서울대는 전체 정원의 15%를 뽑는 특기자 전형의 경우, 과학과 외국어 성적 등으로 선발해 과학고와 외국어고 학생들에게 지나치게 유리한 입시안을 내놓았다. 과학고와 외국어고는 원래의 설립 목적과는 달리 대학입시 준비 명문고교로 자리매김할 수 있는 길이 열리게 됐다.

결국 대학입시 준비는 중학생들의 몫으로 전이되어 과학고와 외국어고 진학 열풍이 뜨겁게 불어 닥칠 것으로 보인다. 그로 인해 학부모의 사교육비 부담은 중학생부터 가중될 것으로 전망돼 교육인적자원부의 사교육비 절감 대책은 고등학생 단계에서는 성공할지 몰라도 중학생 단계에서는 효력을 발휘하기 어렵게 됐다. 수능의 역할을 대학입시에서 점진적으

로 축소하는 것이 바람직하다는 교육인적자원부의 정책과는 상반되는 서울대의 입시안 때문에 교사는 물론 학부모와 학생들은 매우 혼란스럽다. 더욱이 대통령 직속 교육혁신위원회는 2008년부터 수능 없는 대학 입학 전형을 추진하고 있어 국민의 세금으로 운영되는 기관인 서울대와 교육혁신위원회와의 갈등이 예상된다. 서울대와 대통령 직속기구간의 힘겨루기를 관전하는 국민의 마음은 불안하기 짝이 없다.

교육혁신위가 추진하는 것처럼 내신 중심의 입학 전형으로 갈 경우, 고교간 학력편차가 있고 성적 부풀리기가 나타나는 상황에서 고교학생부를 신뢰할 수 없는 문제점이 남아 있다. 최근 대학들은 대학교육 이수에 필요한 최저 학력을 확인하기 위해 모집 단위별 지필고사를 허용하는 등 대학에 학생 선발 자율권을 줘야 한다고 총리실에 건의했다. 총리실은 대학들이 지필고사 허용을 바라고 있지만 이는 사회적으로 민감한 사안이므로 앞으로 교육인적자원부를 중심으로 신중하게 검토해야 할 문제라고 밝혔다. 총리실이 보여준 것처럼 교육문제는 정부기관간 사전 조정은 물론 연구와 검토를 거친 후 교육인적자원부가 최종적으로 결정하고 책임지도록 하는 정책결정 시스템을 구축할 필요가 있다. 교육혁신위는 물론 국립 서울대를 비롯해 국민의 세금으로 운영되는 모든 교육 관련 기구와 기관들은 앞으로 국민이 만족하고 감동할 수 있으며, 동시에 국가의 밝은 미래를 만드는 교육정책을 교육인적자원부가 펼 수 있도록 정책결정 시스템 구축에 협조해야 할 것이다.

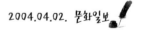

2004.04.02. 문화일보

부모의
학교 선택권도
인권이다

교육인적자원부가 29일 '고등학교 운영개선 및 체제 개편 방안'을 발표하면서 외국어고 등 특수목적고를 폐지하고 특성화고(구 실업고)로 전환하는 방안, 특목고를 현행대로 유지하면서 보완하는 방안 등 두 방안을 제시했다. 이를 연구 검토한 뒤 내년 6월 최종안을 결정한다는 것이다. 그동안 특목고를 사교육 주범으로 몰아 설립을 억제하는 동시에 기존 학교를 폐지하거나 다른 형태로 전환하겠다는 뜻까지 밝혀 온 교육부가 내년 6월까지 유보한 것으로 보인다. 그러나 학교 선택권은 인권이란 측면에서 접근해야 한다.

1948년에 공포된 유엔인권선언은 제26조 3항에서 "부모는 자녀에게 제공되는 교육의 종류를 선택함에 있어 우선권을 가진다"고 명시하고 있다. 세계 역사상 학교 선택권을 가장 억제한 정권은 히틀러 치하의 독일 나치 정권이다. 나치 정권의 말로는 멸망으로 끝났다. 이를 교훈 삼아 대부분 현대국가에선 다양한 형태의 공·사립학교를 제공해 국민에게 선택의 자유를 주고

있다.

미국에는 다양한 형태의 중·고교가 있어 선택의 자유를 보장하고 있다. 다양한 사립학교는 물론 수학·과학기술·예술 교육 등을 하는 공립 마그넷 스쿨, 실적을 근거로 한 협약에 의해 자율 운영되는 공립학교인 차터스쿨이 있다.

캐나다는 공립 중등학교 안에 수학·과학·리더십 등 각종 특수목적 학급인 미니스쿨을 도입해 학생의 지적·사회적·직업적 개발 욕구를 충족시키고 있다. 미국·캐나다에선 정부는 물론 교원·학부모 단체도 특목고인 마그넷 스쿨과 일반계 학교 내 특수목적학급인 미니 스쿨을 귀족학교·학급으로 매도하지 않는다. 오히려 그들의 재능 개발을 돕기 위해 정부·교원단체가 리더십을 발휘하고 있다.

네덜란드는 학부모에게도 학교 설립 권리를 부여하고 있다. 학교 운영비는 정부가 부담하지만 인구 2만 5000명 미만 지역은 학부모 50명, 10만 명 이상 도시는 학부모 125명이 교육부 승인을 얻어 학교를 만들어 자율 운영할 수 있다. 학부모는 불만족스러운 학교에 자녀를 보내지 않을 권리가 있다. 학생들이 오지 않으면 폐교되기 때문에 교직원들은 학생들이 만족할 수 있는 교육을 제공하기 위해 노력하는 시스템을 갖고 있다.

스웨덴은 세계에서 가장 근본적인 교육개혁을 실시한 국가다. 91년 법률로 중앙정부의 교육권력을 학부모·시정부·사립학교에 이양했다. 학부모에게 학교선택권을 돌려준 것이다. 그 결과 92년 교육개혁 이후 사립학교 수는 배로 늘고, 학생 취학률도 매년 10% 이상 증가했다.

뉴질랜드는 88년 중앙집권적인 교육부 권한을 개별 학교로 이관하는 혁명적인 조치를 단행했다. 이로 인해 4000명에 달하던 교육부 인원은 400명으로 슬림화됐다. 나아가 지역교육청을 폐지하고 그 기능을 개별 학교로 이양해 단위학교별 자율경영체제를 성공적으로 수립했다. 한국의 학교들이 자율성을 확보하려면 뉴질랜드와 유사한 조치가 필요하다. 지역교육청을 폐지하거나 교수학습지원센터로 전환하는 것이다.

선택할 수 있는 다양한 학교가 있어야 선택권을 행사할 수 있다. 선택할 학교가 없거나 적다면 유엔인권선언이 명시한 선택권은 그림의 떡이다. 학생이 가고 싶어 하는 학교를 많이 만들고, 가고 싶지 않은 학교를 가고 싶은 학교로 바꾸거나 폐지하는 것이 세계적인 추세임을 감안해 교육부는 특목고 정책을 수립해야 한다.

2007.10.29. 중앙일보

입시정책 분권화가 필요하다

지금 중3학생들이 대학에 진학하는 2008학년도 대입제도 개선안 발표가 당·정협의가 끝나지 않았다는 이유로 계속 연기되고 있다. 연기의 속사정은 고교등급제, 본고사, 기여입학제 등 대입 3불(不) 정책을 고수하는 데에는 이의가 없지만, 수능 등급에 관하여 이견을 좁히지 못하고 있다는 것이다. 수능 1등급을 수험생의 4%로 하자는 교육부 안과 7% 이상으로 대폭 늘리자는 다른 안이 팽팽히 맞서고 있다고 한다.

대입 3불정책은 김영삼 정부의 마지막 교육부 장관이, 정권이 거의 끝날 무렵에 여론수렴 절차도 없이 고등교육법 시행령을 고쳐서 만든 것인데, 김대중 정부가 계승했고, 현 정부의 교육부총리도 고수하겠다고 밝혔다. 그 중 가장 문제가 되는 것이 대학의 학생선발권을 유보하는 본고사 금지 조항이다.

수능 1등급 수험생의 경우, 본고사를 금지한 현행 입시제도 아래에서 논술고사와 구술고사가 당락을 가르기 때문에 본인의 다른 실력은 제대로 평가받지 못하고, 글솜씨와 말솜씨가 입학을 결정짓는 결정적인 요소가 될 가능성이 커졌다. 수능 1등급이 교육부 원안대로 4%가 되건, 다른 주장대로 7%가 되건 간에 등급으로 된 수능성적과 내신성적이 개인별 변별력이 없어지는 것은 마찬가지이다. 다만 7%가 되면 등급별 평준화 효과가 4%보다 상대적으로 커져 형평성이 좀 더 제고될 것이라고 기대를 하는 것 같다.

내신의 공정성이 확보되지 못한 상황에서 형평성과 수월성의 문제를 학생들의 글솜씨와 말솜씨에 의존하여 해결하려는 입시정책은 위험하다. 글솜씨를 판별하는 논술고사 준비와 말솜씨를 판별하는 면접고사 준비가 공교육에서는 부실하고 사교육에서 맹위를 떨치기 때문에 이 정책은 오히려 형평성을 저하시킬 가능성이 매우 크다.

경제협력개발기구(OECD) 회원국 가운데서 국공립대학은 물론 사립대학의 입시정책까지 중앙정부가 책임지고 있는 나라는 한국밖에 없다. 그러니 중앙정부에 과부하가 걸릴 수밖에 없다. 지방정부와 각 대학들에 덜어줄 짐이 무엇인지 가려내어 넘기는 분권정책을 써야 중앙정부가 과부하에서 벗어나 제 기능을 할 수 있다.

일본 정부는 사립대학에 대해서는 학생선발권을 전적으로 보장해주고 있다. 와세다(早稻田)대학이나 게이오(慶應)대학에서는 세 가지 방법으로 신입생을 선발한다. 즉, 부속고등학교 출신의 동일 학교 계열 무시험 입학으로, 대학이 선정한 고등학교들의 고교장 추천 학생으로, 대학 자체 입학시험으로 선발하고 있는 것이다. 초·중등 시절에 대학 입학이 보장돼 전인교육을 받은 부속고등학교 출신들 가운데서 훌륭한 졸업생이 더 많은 것은 사립대학에 선발자율권을 보장하는 것이 인류 사회 발전에 기여하고 있다는 사실을 알 수 있다.

미국은 국립대학이 없고 주립대학과 사립대학이 있다. 주립대학의 경

우, 해당 주 학생을 일정 비율 이상 입학시켜야 한다는 조건과 일정 성적 이상의 학생들을 입학시켜야 한다는 조건 외에 특별한 경우를 제외하고 학생 선발에 주정부가 간섭하는 일은 거의 없다. 사립대학의 학생선발권은 전적으로 대학에 있다. 한국의 수능에 해당하는 미국의 대학수학능력시험(SAT)이나 미국대학시험(ACT)은 정부기관이 아닌 민간기구에서 관장하고 있다. 주립대학이든 사립대학이든 정부가 수능이나 입시에 관여하지 않기 때문에 한국처럼 수능이나 입시 때문에 나라 전체가 흔들리는 일도 없다. 수능시험 때문에 정권이 부담을 안고 가는 나라는 한국밖에 없다.

수능을 자격고사화하여 교육의 질 관리를 하고, 대학에 선발자율권을 주면 대학입시 때문에 정권이 부담을 가질 필요는 없어진다. 정권이 부담을 가지지 않으면서도 형평성과 수월성을 동시에 확보할 수 있는 입시정책은 분권화이다. 모든 대학에 동일한 잣대를 들이댈 것이 아니라, 국립대는 중앙정부가, 공립대는 지방정부가, 사립대는 대학이 각각 입시방안을 자율적으로 정할 수 있는 분권정책이 필요하다.

2004.10.26. 문화일보

장관이 아니라 수능을 바꿔야

참여정부가 출범할 때 대통령은 교육부장관만은 대통령 임기 5년을 함께하고 싶다고 했지만, 벌써 세 번째 장관이다. 1년 전에도 수능 문제로 교육부장관이 바뀌었는데, 이번에도 수능시험 부정 및 변별력 상실이라는 이유로 교체됐다. 임기가 없는 임명직 교육부장관이 임기가 보장된 선출직 교육감에게 수능 부정방지를 사전에 촉구했지만 허사였다. 시험 현장의 감독관들이 본연의 임무를 소홀히 하는 바람에 많은 학생이 부정을 저질렀고 결국 교육부장관이 교체되는 이유가 됐다.

매년 수능 문제로 연례행사처럼 장관이 경질돼도 좋은가? 장관을 교체해서 문제가 근본적으로 해결되는 것이 아니라면 문제가 되는 수능을 수술하는 것이 순리가 아닌가? 수능을 원래의 목적대로 대학수학능력을 측정하는 도구로만 사용했다면 문제가 될 소지가 적다. 정부가 전국의 모든 대학을 대신해서 수능을 선발고사로 사용한데서 문제가 비롯됐다. 수능을 처음 고안할 당시의 원안은 대학에서 수학하는 데 필요한 기초공통과목인 언어,

수리, 외국어 능력을 측정하는 것이었다. 그런데 다른 과목을 담당한 교수들의 과목 이기주의로 인해 여타 과목들이 추가됐고, 선택과목이 많은 7차 교육과정을 적용하자 선택과목의 난이도 조절이 실패했으며 법정 소송 사태까지 벌어졌다.

대학입시의 책임을 대학이 아닌 정부가 짊어지고 매년 수능 때문에 장관을 교체하는 것은 국가적으로 불행한 일이다. 수능 과목수를 대폭 축소하여 자격시험화하고 대학에 선발 권한과 책임을 맡기는 것이 올바른 입시정책이다. 현재 고등학교 졸업생 수보다 대학 입학정원이 많기 때문에 수능시험을 자격화하는 것은 무의미하다는 주장이 있다. 그러나 수학능력이 없는 사람이 대학에 진학하는 것은 더 많은 문제를 야기하므로, 굳이 대학 정원과 수능 자격시험 합격자 수를 맞출 필요는 없다. 수능을 자격시험으로 바꾸면 고등학교 교육에 대한 학력 책무성을 검증할 수 있으므로, 대학 정원에 관계없이 대학수학능력을 검증할 수 있는 엄격한 자격시험으로서 사회에 통용될 수 있을 것이다.

수능을 자격시험화하고 대학에 선발권을 일임한다면 적어도 대학입시 문제 때문에 장관이 교체되는 일은 방지할 수 있을 것이다. 잦은 장관 교체로 교육을 통한 국가경쟁력 제고는커녕 정책의 일관성을 유지하기 어렵게 됐다. 신임 교육부장관은 전임 장관이 발표만 하고 시행하지 못한 교육의 수월성 추구 정책을 교육의 형평성 추구 정책과 더불어 국가 백년대계 차원에서 추진해줄 것을 바란다.

뿐만 아니라 한 해에 6만명 이상의 학생이 학교를 이탈하고 있는 문제도 근본적으로 해결해야 한다. 소수의 대안학교가 탈학교 학생들을 수용하고 있지만 태부족이다. 학생이 학교에 적응하지 못한다고 방치할 것이 아니라 학교가 학생에게 적응할 수 있는 방안도 찾아야 한다. 중·고생들의 성적이 국제성취도평가에서 최상위권임에도 불구하고 학교만족도가 왜 최하위권인지를 파악해야 할 것이다.

　이른 새벽부터 늦은 밤까지 공부하는 한국 고3학생의 하루가 미국의 '믿거나 말거나' 텔레비전 프로그램에 방영될 정도로 한국 학생들이 혹사당하고 있고, 학부모들은 세계 최고 수준의 사교육비를 부담하고 있는 현실도 타파해야 할 것이다. 교육 문제로 인구가 감소하는 지방의 균형 발전을 위해 지방자치와 교육자치를 연계하는 지역 인적자원 개발 정책은 물론, 대학을 졸업한 청년실업자들이 해마다 누적되고 있는 문제를 국가 인적자원 개발 차원에서 해결할 방안도 내놓아야 할 것이다.

　이와 같이 산적한 현안을 해결하고 교육을 통해 국가의 미래 기회를 창출하기 위해서는 정권이 바뀌어도 임기가 보장되는 검찰총장처럼 교육부장관의 임기가 일정 기간 보장될 필요가 있다. 교육부장관의 임기가 보장되면 장기적 관점에서 교육정책을 집행할 수 있고 교육감을 제대로 지휘 통솔할 수 있을 것이다.

2005.01.05. 문화일보

III

大入 본고사 논란과 학생선발권

교육정책의 핵심은 수월성과 형평성의 조화에 있다. 그런데 서울대는 최근 2008학년도 입시에서 논술형 본고사를 도입하겠다고 발표했다. 선발의 수월성을 중시하는 서울대와 내신 위주 입시로 형평성을 중시하는 교육부의 정책이 정면충돌 하자 교사는 물론 학부모와 학생들은 당혹해하는 분위기이다.

서울대는 2008학년도 정시 모집에서 "내신 1 대 논술 3 정도의 비중을 차지하도록 할 방침"이며 "내신의 실질 반영 비율은 현행대로 유지하기로 했다"고 밝혔다. 그런데 현재 서울대의 내신성적 명목 반영률은 40%이나 실질 반영률은 8% 이하 수준에 불과하다. 이는 2008학년도 이후 입시부터 내신의 실질 반영 비율을 상향 조정하려는 정부의 정책과는 배치된다.

수능이 자격시험화하고 내신의 공정성 또한 담보되지 못한 상황이기 때문에, 본고사형 논술고사로 수험생들의 변별력을 제고하겠다는 서울대의 입시정책은 고육책일 것이다. 하지만, 서울대는 국민의 세금으로 운영되는 국립대이고, 국립대 교수와 직원은 국민에게 봉사하는 공무원 신분이라는 사실에서부터 서울대와 교육부간 정책 충돌의 해결 실마리를 찾아야 한다.

모든 대학이 똑같은 잣대로 신입생을 선발하게 되면 국립대와 사립대가 별도로 존재해야 할 이유가 사라질 뿐만 아니라, 대학마다 독특하고 창의적인 인재를 양성하는 것은 어렵게 된다. 대학이 국제경쟁력을 확보하려면 설립 주체별로 차별화되고 설립 목적을 구현하기 위한 다양한 인재를 선발하는 것이 합목적적이다. 따라서 학생선발권은 국공립대의 경우 정부와 공유하고, 사립대는 각 대학이 보유하는 것이 합리적이다. 또한, 국민의 세금으로 운영되는 국립대의 모든 정책은 중앙정부와, 지방자치단체가 운영하는 공립대는 지방정부와 각각 실증적인 자료를 토대로 충분한 논의를 거쳐 합의를 한 뒤 발표하도록 하는 게 바람직하다.

미국과 일본 정부는 사립대학의 입시에 전혀 관여하지 않지만, 국민의 세금으로 운영하는 대학에는 최소한의 개입을 한다. 미국 주립대학의 경우, 수월성과 형평성 확보 차원에서 일정 수준 이상의 성적을 취득한 학생을 합격시켜야 하고, 해당 주에 거주하는 학생을 일정 비율 이상 입학시키는 조건을 대학에 요구한다. 일본은 법인화된 구(舊) 국립대학에 대학입시센터의 시험을 요구한다.

미국 대학의 정시모집은 대체로 내신과 언어, 수리탐구만 보는 수능 위주로 학생들을 선발한다. 이에 비해 한국은 내신과 전과목 수준의 수능은 물론 논술고사와 구술고사를 요구한다. 과거에 내신과 수능 없이 대학별 본고사를 치렀던 한국이 내신과 수능을 도입했다. 그러나 대학별 본고사를 치르지 않는 미국과 달리 논술고사와 구술고사를 치르고 있어 우리 학생들의 대학입시 부담은 세계 최고 수준이다.

논술고사와 면접고사 준비가 공교육에서는 부실하고 사교육에서 맹위를 떨치기 때문에, 논술형 본고사 도입여부를 둘러싼 논의가 더 치열해질

수밖에 없다.

대학은 사고력과 창의력을 가진 신입생을 선발하려는 입시정책에 심혈을 기울이는 만큼, 대학 교육을 통해 이런 역량들을 키울 교육정책 개발에도 투자해야 한다. 하버드대와 같은 세계적인 명문 대학이 논술형 본고사 없이 신입생을 선발하면서도 경쟁력 있는 인재를 양성하고 있는 것도 벤치마킹할 필요가 있다.

정부는 사립대학의 입시는 궁극적으로 대학의 자율과 책임에 맡겨야 한다. 그리고 국공립대학의 입시정책은 수월성과 형평성 조화 차원에서 대학이 중앙정부나 지방정부와 사전 조율을 거쳐 발표하게 함으로써 국민이 혼돈에 빠지지 않도록 해야 한다.

2005.05.02. 문화일보

지난 20일 관훈클럽 초청 토론회에서 교육부총리와 토론자 간에 교육정책을 두고 뜨거운 공방이 오고 갔다. 겉으로 보기에는 토론자들이 그를 궁지에 몰아넣은 것으로 보이지만, 속을 들여다보면 취임 전에 수립된 정책이 그를 옭아매고 있음을 발견할 수 있다.

2008학년도 서울대 통합형 논술입시안 파동의 원인을 제공한 것도 따지고 보면 대입 3불 정책, 고교평준화 정책, 그리고 수능등급제이다. 학생들의 고등학교선택권이 없는 상황에서 학교 간의 차이를 인정하지도 못하고 본고사도 금지하기 때문에 그간 주로 수험생들의 수능성적을 기준으로 신입생을 선발할 수밖에 없었는데, 수능이 등급제로 바뀌다보니 기존의 논술로는 변별력이 부족하다고 판단한 서울대가 통합형논술 카드를 내민 것이다.

모름지기 정책이란 시대적 상황의 산물이다. 대입 3불정책은 김영삼 정부에서, 고교평준화 정책은 박정희 정부에서 시작됐다. 시대적 상황이 달라졌음에도 불구하고 일부 정치권과 시

교육을
자유롭게 하라

민단체, 교원단체 등은 이 정책을 금과옥조(金科玉條)로 삼고 있다. 그리고 이 정책을 지키라고 강하게 주장하고 있다.

지식기반사회의 도래로 교육은 개인 삶의 질은 물론, 조직의 생산성, 나아가 국가경쟁력을 좌우하게 됐다. 국가경쟁력은 기업경쟁력에 의해, 기업경쟁력은 기업 활동을 지원하는 정부의 경쟁력과 인력을 공급하는 학교의 경쟁력, 특히 대학경쟁력에 의해 결정되는 사회가 된 것이다. 선진국들이 대학 경쟁력을 강화하기 위해 노력하는 이유도 다 여기에 있다. 이제 대학정책도 시대적 상황을 반영할 필요가 있다.

시대상황의 변화에 맞게 국가의 미래를 위한 대학정책을 전향적으로 수립하는 방향은 다양성이다. 과거 중앙집권적 의사결정체제의 관행이 대학 정책에도 그대로 투영되어 모든 대학을 획일적으로 규제하다 보니 대학 경쟁력이 오히려 약화되는 모순이 나타나고 있다. 최근 다양성을 바탕으로 추진되는 지방 대학 특성화사업과 교육부·산자부·노동부가 공동으로 추진하는 산학협력대학 육성정책이 바람직한 방향으로 진행되고 있음을 주목해야 한다.

대입정책도 마찬가지이다. 획일적인 기존 정책을 고집할 게 아니라 다양성을 인정해야 한다. 국립대학은 중앙정부와, 공립대학은 지방정부와 각기 정책을 조율하고, 사립대학은 자율권을 보장하는 분권화로 가야 다양성이 인정된다. 마침 교육부총리가 서울대 입시 방향이 옳다는 생각은 변함이 없다고 언급했고, 서울대 총장도 정부 정책에 반대할 의사가 없다고 했으므로 중앙정부와 국립대학 간에 정책이 잘 조율되는지 지켜볼 필요가 있다.

국가경쟁력이 인적자원의 질에 따라 좌우된다는 인식이 보편화됨에 따라 세계 각국은 교육개혁을 통한 국가경쟁력 제고를 위해 노력하고 있다. 무역이나 관세 정책 등을 통해 수출 경쟁력을 높이면 국제기구나 외국으로부터 정치·경제적 압력이 들어오지만, 교육을 통해 국가경쟁력을 제고하면 시비를 걸 수가 없기 때문이다.

그러나 우리나라 교육정책은 상반된 여론에 얽매여 옴짝달싹 못하고 있다. 여당과 야당은 물론 교원단체와 시민사회단체, 나아가 국민 모두가 교육의 이해 당사자로서 정책에 대해 서로 다른 주장을 하기 때문이다. 모든 이해관계 집단의 요구를 획일적인 정책으로 만족시킬 수 없기 때문에 정책의 다양성이 요구된다.

교육부총리가 획일적인 대입 3불정책으로부터 자유로워야 국가 백년대계(百年大計) 차원의 교육정책을 세울 수 있다. 그래야 국민과 국가를 위한 큰 그림을 그릴 수 있다. 큰 그림을 그릴 수 있는 선택의 자유와 충분한 시간을 보장하지 않고, 사안마다 공격하게 되면 근본 해결책이 아닌 미봉책이 쏟아져 나올 가능성이 크다. 미봉책에 대한 부작용은 항상 국민의 부담으로 고스란히 돌아오기 때문에 교육 고통에서 헤어나지 못하게 된다.

2005.07.22. 문화일보

꿈·꾼·끼·꼴·꾀·깡·끈

최근 국무총리 지명자의 인준을 위한 인사청문회 제도가 처음으로 한국에 도입된 후, 연달아 두 분의 지명자들이 국민들과 기(氣)가 통(通)하지 못하여 국회의 인준 동의를 받지 못했다. 한 분은 대학교 총장 출신이요, 다른 한 분은 언론사 사장 출신으로 세간에서 이른바 사회적으로 성공한 사람으로 평가받았지만, 인준의 두 잣대인 도덕성과 국정운영능력을 검증하는 청문회 과정에서 두 사람 모두 도덕성 논란으로 인준을 받는데 실패하였다. "총리가 될 줄 미리 알았으면 그렇게 하지 않았을 텐데...."라는 지명자의 한 마디는 장차 국가지도자가 되려는 학생들에게는 매우 소중한 가르침이다.

장차 국가지도자가 되려는 학생들은 큰 꿈을 가져야 한다. 꿈이란 요즘 유행하는 말로는 비전이다. 큰 꿈이 없는 자는 시류에 휩싸이기 십상이지만, 큰 꿈이 있는 자는 철학이 있기 때문에 도덕적 정당성에 가치를 부여하는 삶을 살게 마련이다. 그 시대의 많은 사람들이 자녀를 좋은 학교에 보내기 위해서 혹은 재산 증식을 위해 정도를 걷지 않았을지라도, 만약 큰 꿈을 가지고 있었다면 법을 지켰을 것이다. 그러나 꿈만 가지고는 국가지도자가 될 수 없다. 꿈(비전)을 실현시키기 위해서는 전문가로 인정받아야 한다. 전문가를 우리말로 표현하면 꾼이다.

자기 분야에서 최고의 경지에 오른 사람이 꾼(전문가)이다. 꾼이 되기 위해서는 자기가 어떤 분야에 끼(재능)가 있는지 스스로 진단해 보아야 한다.

사람마다 타고난 끼가 있다. 자기의 끼를 한껏 살릴 수 있는 분야에 입문하여야 꾼이 될 수 있는 가능성이 높다. 자기보다 먼저 세상을 살아간 이들의 인생과정을 학습하면 많은 시사점을 얻을 수 있기 때문에, 그 분야 최고의 꾼이 어떤 과정을 통해서 일인자가 되었는지 꼼꼼히 학습할 필요가 있다.

사람은 대략 40세가 넘으면 자기 꼴(얼굴)에 책임을 져야 한다고 한다. 자기의 꼴에 책임을 지려면 정도를 걸어야 하고 정도를 걸으려면 항상 공부해야 한다. 학생일 때 학습을 많이 하여야 꾀(지혜) 주머니를 두둑하게 만들 수 있다.

학생시절에 만든 꾀주머니가 크지 않으면 사회에 나가서 별로 사용가치가 없다. 지금의 학생들이 총리가 될 때쯤이면 지식정보기반사회가 무르익을 것이므로 평생학습을 통해 꾀주머니를 늘리지 않으면 발전은커녕 생존하기도 어렵다. 한 나라의 국정을 책임지려면 리더십이 있어야 한다. 국리민복(國利民福)을 위한 선공후사(先公後私의) 리더십을 발휘하려면 불의에 노(NO)할 수 있는 깡(배짱)이 있어야 한다.

배짱은 호연지기(浩然之氣)를 통하여 길러지기 때문에, 이 또한 학생시절에 기본을 닦아 놓아야 한다. 제아무리 똑똑한 사람도 독불장군이면 미래가 없다.

사람은 다른 사람과 더불어 숨 쉬고 일하므로 끈(네트워크) 없이 자기의

가치와 능력을 발휘할 수 없다. 세상은 눈에 보이지 않는 무수한 끈에 의해 연결되어 작동하고 있다. 특히 글로벌 시대에는 국제적인 끈이 없이는 국가경영도 제대로 할 수 없는 상황이다. 혈연, 지연, 학연의 좁은 끈을 이야기하는 것이 아니다. 국제적인 전문가 네트워크 등 굵직한 끈을 만들어야 국가를 대표하는 국제적인 지도자가 될 수 있다. 따라서 외국대학 교환학생 프로그램을 적극 활용하거나 졸업 후에 유학도 고려해 볼 필요가 있다.

학생들이여 큰 꿈(비전)을 가지자. 그 꿈을 실현하기 위해 자기가 어떤 끼(재능)를 보유하고 있는지 분석하고, 그 분야에서 최고의 꾼(전문가)이 될 수 있도록 준비하자. 40세 이후 자기의 꼴(얼굴)에 책임지려면 꾀(지혜)주머니를 두둑이 만들어 활용할 수 있도록 충분히 학습하고 졸업 후에도 계속 공부하자. 국정을 책임지는 리더십을 발휘할 수 있는 깡(배짱)과, 더불어 일할 수 있는 끈(네트워크)은 학생시절부터 만들자. 그러면 국민들과 기(氣)가 통(通)하는 기통(氣通)찬 국가지도자가 되어 역사에 남는 인물이 될 것이다.

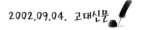

2002.09.04. 고대신문

신임 교수들을 교도소로 보낸 까닭은?

인성교육이 직업교육과 더불어 교육 정책 양축의 하나로 부각됐다. 교육부 총리가 지난 7일 정부세종청사에서 "행복감을 느끼게 하는 교육이 필요한 만큼 인성교육과 직업교육을 강화"하겠다고 밝힌 것에서 알 수 있다. 지난 해 12월 29일에 국회를 통과한 인성교육진흥법에 의해 올해 7월부터 국가와 지방자치단체는 인성교육에 관한 장기적이고 체계적인 정책을 수립·시행해야 하고, 유치원과 초·중·고는 인성교육을 의무적으로 실시해야한다. 이 법에 따라 국가인성교육진흥위원회와 국가인성교육진흥원이 설치될 예정이다. 교육부장관은 5년마다 인성교육 종합계획을 수립하며, 각급 학교장은 매년 인성교육계획을 교육감에게 보고하고, 교사의 인성교육연수가 의무화되며, 교사가 되려는 대학생들은 인성과목을 필수과목으로 이수하게 된다.

공자는 논어의 안연(顏淵)편에서 '군왕은 군왕답게 신하는 신하답게(君君臣臣), 부모는 부모답게 자식은 자식답게(父父子子)' 살도록 하는 일이 정사(政事)라고 정의했다. 군군신신(君君臣臣)은 정

사의 근본이지만, 인성교육진흥법 제정으로 인해 가정사의 근본인 부부자
자(父父子子)의 몫까지 국가적 정사의 범주내로 들어왔다. '군군신신부부자
자(君君臣臣父父子子)'를 민주시대 버전으로 바꿔보면, '윗사람은 윗사람답
게 아랫사람은 아랫사람답게(上上下下), 스승은 스승답게 제자는 제자답게
(師師弟弟), 부모는 부모답게 자식은 자식답게(父父子子)'가 될 것이다.

동법에 의하면, 인성교육은 '내면을 바르고 건전하게 가꾸며 타인·공동
체·자연과 더불어 사는데 필요한 인간다운 성품과 역량을 기르는 교육'
이며, 인성의 핵심가치는 '예(禮), 효, 정직, 책임, 존중, 배려, 소통, 협동
등'이다. 이러한 가치는 가정에서 부모는 부모답게 자식은 자식답게, 학교
에서 스승은 스승답게 제자는 제자답게, 지역사회와 일터에서 윗사람은
윗사람답게 아랫사람은 아랫사람답게 살 수 있기 위해 꼭 필요한 덕목이
다. 인성교육이 실효를 거두기 위해서는 무엇보다도 교사는 물론 교사를
양성하는 대학교수의 마인드가 바뀌어야 한다. 교사와 교수의 마인드를
바꾸려면 교육방법이 교실중심에서 현장중심으로 변해야 한다.

20년 전 일이다. 미국 조지아대학교를 방문했을 때 이 학교 교육심리학
과에 부임한 후배를 만났더니, 대뜸 "교도소에 다녀왔다"는 것이다. 신임
교수 오리엔테이션 프로그램의 일부로, 교수들이 학생들을 가르치기 전에
교도소로 보내어 수형자들과 대화하도록 소통의 장을 만든 것이었다.

학교는 왜 신임교수들을 교도소에 보냈을까. 교도소만 견학하고 오는
것이 아니라, 수형자들과 직접적인 대화를 통해 전공교육 뿐만 아니라 인
성교육도 필요함을 인식시키기 위함이었다. 죄수복을 입은 수형자들이 신
임교수들에게 "인간교육을 소홀히 하면 오늘의 학생이 내일의 수형자가
될 수 있다"는 메시지를 온몸으로 전했다고 한다. 학생들을 대할 때 마다
수형자들의 메시지가 떠오르게 만들어 전공교육 뿐만 아니라 인성교육을
하도록 교수의 마인드를 바꾼 사례다. "교도소 이외에 어디를 다녀왔냐"

고 물었더니, "삶의 밝은 현장과 어두운 현장을 찾아 그곳에 사는 시민들과 대화를 나누며 세상물정을 익혔다"는 대답을 들었다. 공장과 농장을 찾아가 그곳에서 일하고 있는 학부모들과의 만남을 통해 그들 삶의 애환을 들었고, 그들이 대학 교수에게 하고 싶은 이야기를 경청할 수 있었다고 했다. 마지막 일정은 주지사가 주립대학 신임 교수들을 격려하는 만찬 프로그램이었는데, 교수들이 지역사회발전에 기여하는 자긍심을 갖게 만드는 자리였다고 한다.

20년 전은 물론 오늘날에도 한국의 교사나 교수 양성이나 연수 프로그램에서 찾아보기 어려운 현장중심 프로그램이다. '상상하하(上上下下), 사사제제(師師弟弟), 부부자자(父父子子)'가 구현되려면 현장중심 인성교육이 절실하다.

2015.01.19. 헤럴드경제

관치가
대학 성장 막는다

최근 2007 세계 대학총장 포럼에 참가한 총장들이 이구동성으로 강조하는 것은 "정부가 대학에 대한 간섭을 줄이되 사회적 책임은 무겁게 하자"는 것이다. 포럼을 끝내며 채택한 '서울선언'의 4개 조항에 '대학자율화'가 포함된 것을 보면 다원화 사회에서 획일적인 관치통제교육 정책으로는 결코 대학이 그 사명을 다할 수 없음을 천명한 것이다.

동아일보 보도에 따르면 데이비드 리브론 미국 라이스대 총장은 정부의 재정지원은 필요하지만 지원을 구실로 통제하는 것은 부당하다고 지적했다. 이장무 서울대 총장은 정부의 지나친 간섭은 대학의 연구 의욕을 저하시킨다고 경고했다. 개빈 브라운 호주 시드니대 총장은 정부가 큰 그림을 제시하고 세부 정책은 대학에 맡겨야 한다고 충고했다. 구구절절 옳은 말이다.

정부가 대학행정에 지나치게 참견하는 것을 자제하고 재정지원을 풍부하게 해 대학의 자율적 역량 강화를 돕는 것이야말로 창의적 인재를 육성하기 위한 바람직한 방향일 것이다. 한국

정부는 연구중심 대학 등 그럴듯한 슬로건을 많이 만들어 냈지만 대학의 자율적 성장을 돕기보다는 압력을 행사하는 쪽이었다.

　오늘날 민주주의 국가에서 국민은 과거의 백성이라는 통치 대상에서 고객이라는 섬김의 대상으로 바뀌고 있다. 정부의 고객인 국민을 교육하는 대학도 이제는 정부의 압력 대상에서 돕기 대상으로 바뀔 때가 되었다. 그러기 위해서 정부는 통제적인 대학정책을 다시 점검할 필요가 있다.

　통제행정이 실패한 것은 이미 사회주의 국가들의 몰락을 통해 입증됐다. 그런데도 아직 우리 정부는 관치통제의 교육정책을 고수하고 있다. 대학의 학생선발권과 교육과정 편성권을 정부가 침해하는 것은 자유민주주의 기본이념을 퇴색시키는 것이다. 대학수학능력시험을 등급제로 실시하고, 천차만별 수준인 고등학교 내신 성적의 획일적 반영을 요구하며, 거기에다 시시콜콜 대입 논술 가이드라인을 제시하는 나라는 전 세계에서 한국을 제외하고는 찾아보기 어렵다.

　더구나 경제협력개발기구(OECD) 국가 중에서 사립대를 정부가 통제하는 나라는 한국이 유일하다. 외국의 사립대는 정부로부터 재정지원을 받지만, 학생 선발은 물론 교육과정 편성, 등록금 책정 등 대학 행정에 관한 자율권을 갖고 있다. 국공립대의 경우도 국리민복 차원에서 최소한의 간섭을 할 뿐이다. 미국의 주정부는 주민의 세금으로 운영되는 주립대에 일정 성적 이상의 학생과 신입생들의 일정 비율 이상을 자기 주 출신으로 선발할 것만 요구할 뿐이고 다른 것은 모두 자율에 맡기고 있다.

　정부가 대학을 돕는 방법은 의외로 간단하다. 우선 대학에 건학 이념을 구현할 수 있는 교육과정을 편성할 권리를 주고, 그 교육과정을 충실히 이수할 학생을 선발할 권리를 보장하는 것이다. 그래야 외국의 대학들과 당당하게 경쟁할 수 있다. 손발을 자유자재로 쓰는 자율적인 외국 대학과 손발이 정부에 의해 묶인 타율적인 국내 대학이 경쟁하면 어느 쪽이

유리할지는 자명하다.

현 정부는 대학에 대한 재정지원을 당근으로, 대학 통제를 채찍으로 활용하고 있다. 당근과 채찍에 길든 대학들도 이제 정신을 차려야 한다. 자율적 역량을 키워 사회적 책임을 다하지 못하면 교육개방 시대에 외국 대학과 경쟁하여 생존하기 어렵게 된다.

대학이 살아야 국가 미래가 있다. 대학교육 혁신을 통해 인재 대국을 건설하고 선진국 반열에 오르기 위해서는 대학을 돕는 정부가 절실히 필요하다.

2007.10.17. 동아일보

대학이 변화를 본격적으로 준비해야 할 시점에 등록금 이슈가 터졌다. 대학 총장 후보자들의 경쟁적인 복지공약이 대학 등록금 인상을 부추긴 면이 있다. 정치권도 각종 선거에서 경쟁적으로 복지 공약 경쟁을 하면 결국 국민 부담으로 돌아온다. 국민이 부담해야 할 복지비용을 마치 국가가 부담하는 것처럼 오인하게 하는 것은 정도가 아니다.

교교 졸업하고도 행복한 삶 가능케

정치(政治)란 인정예치(仁政禮治)의 준말이다. "용서와 사랑(仁)으로 바로잡고(政) 예(禮)로써 다스리는(治) 것"이 정치라고 금곡(金谷) 선생이 일렀다. 그리고 "신(神)에게든 사람에게든 약속을 함부로 하지 말라. 못 지키면 그 벌이 엄청나다"고 경고했다. 국회와 정부, 대학 당국이 중지를 모아 등록금 문제를 해결해야 한다. 대학 경영의 효율화도 병행해야 한다.

등록금 이슈를 계기로 한국교육의 큰 틀을 새롭게 짤 필요가 있다. 2021년이 되면 고교 졸업자가 64만명에서

교육의 큰 틀
새롭게 짤 때

42만명으로 줄어든다. 고교 졸업자가 22만명 줄면 초중고교 교육은 물론이고 대학 교육에 변화의 회오리바람이 불어 닥칠 수밖에 없다. 늦었지만 지금이라도 변화를 준비해야 한다.

경제영토가 넓어지는 자유무역협정(FTA)이 줄이어 타결되면 고용기회도 많아진다. 국내 일자리 부족분을 해외에서 찾을 기회이기 때문에 국제경쟁력을 갖춘 인재 양성이 급선무다.

한국의 급격한 경제성장에는 교육이 중요한 역할을 했다. 그렇지만 다양한 재능을 가진 인재를 능동적으로 여러 줄을 밟게(multi-track) 하는 교육을 하지 않고 수동적인 한 줄 세우기 교육을 한 과오도 있다. 대학에 가지 않고도 행복하고 성공적인 삶을 살 수 있는 마이스터고교는 여러 줄 밟기를 할 수 있는 경로 가운데 하나다. 고교 단계뿐만 아니라 중학교나 대학 단계에서도 여러 줄 밟기를 할 수 있는 경로를 만들어야 한다.

마이스터고교가 여러 줄 밟기 경로의 하나로 정착되려면 고교만 졸업해도 행복한 생활을 할 수 있도록 사회경제적 여건을 만드는 것이 필요하다. 구체적으로 고졸과 대졸 간의 학력 간 임금격차를 합리적으로 조정할 필요가 있다.

여러 줄 밟기 교육을 하는 대표적인 곳이 유럽이다. 평균적으로 유럽 고등학생의 60~70%가 직업기술교육을 받은 후 직업세계에 진출한다. 대학 진학자는 고교 졸업자격시험을 거친 30~40%에 불과하다. 80%대의 대학진학률로 세계 최고를 자랑하는 한국과는 대조적이다. 독일과 스위스 고등학생의 50~60%가 일주일에 하루만 학교에 다니고 나머지 4일은 기업에 출근해 도제훈련을 받는다.

영국의 옥스퍼드나 케임브리지 등 유럽 대학의 학사과정은 3년제가 대부분이다. 4년제 대학에서 1년간 교양과목을 공부하는 한국과 달리 교양과목을 대학입학 전 단계 교육에서 이수하도록 한다. 석사학위도 1년 과정과 2년 과정이 다양하게 있다. 한국도 대학 교육비용 절감 차원에서 검토할 가치가 있는 교육의 틀이다.

산학협력-커뮤니티칼리지 참고를

캐나다 워털루대는 산학협력으로 세계적으로 유명하다. 현장실습을 하고 학비도 충당할 수 있는 일석이조의 효과를 거둘 수 있다. 미국의 커뮤니티칼리지는 고등학교 성적에 관계없이 입학할 수 있다. 커뮤니티칼리지를 졸업하고 직업세계로 나가거나 4년제 대학에 편입할 수도 있다. 직업세계에 있다가 직업 전환을 위해 언제라도 다시 다닐 수 있는 평생교육기관으로 자리 잡았다. 영국의 직업전문대학은 재학 중 필기시험 없이 실기역량만을 평가하는 현장밀착형 교육을 한다.

한국도 학생들이 저마다 타고난 재능을 계발할 수 있도록 능동적인 여러 줄 밟기 교육의 틀로 바꿔나가는 등 교육의 큰 틀을 새롭게 짜야 할 때다.

2011.06.13. 동아일보

대학 변해야 사교육비 줄일 수 있다

현 정부가 집권 2년차를 맞고 있지만 대입 수험생들은 아직도 지난 정부의 수능·내신·논술이라는 죽음의 트라이앵글에서 벗어나지 못하고 있다. 그러던 차에, 최근 한 대학이 정시 논술시험을 폐지해 이를 혁파했다. 대학이 변하면 공교육이 정상화되고 사교육을 경감시킬 수 있음을 보여준 것이다.

공교육에서 논술 과목을 정규 교과목으로 가르치지 않는 반면에 사교육 논술시장은 뜨겁기 때문에 이 대학의 논술 폐지는 다른 대학으로 확산될 필요가 있다. 논술이야말로 대학에서 교육해야 할 중요한 교육과정이다. 대학에서 어떤 전공을 하든지 문·사·철을 공부해야 하는 이유가 바로 논술 실력을 함양하는 데 있다. 그럼에도 불구하고 고등학교에서 정규 교과목으로 가르치지 않는 논술을 굳이 대학입학시험 과목으로 부과해 학생과 학부모에게 사교육 부담을 가중시킬 당위성은 없다.

몇몇 대학이 논술시험을 부과하는 것은 대학입학 본고사를 금지하고 수능을 쉽게 출제하는 바람에 학생 선발의 변별력이 부족하기 때문이다. 전 전 정부는 수능을 쉽게 출제해야 사교육비가 절감된다는 논리를 내세웠지만, 쉬운 수능으로 사교육비가 줄었다는 증거는 어디에도 없고 오히려 학력만 떨어졌다. 전 전 정부의 대입정책을 승계한 전 정부가 또다시 내신 반영 비율을 높여야 사교육비가 절감된다고 했지만 그 결과는 내신 사교육비 폭증으로 나타났을 뿐이다.

대학수학능력은 대학이 가진 특성에 따라 다를 수밖에 없다. 천차만별인 대학을 하나의 시험으로 선발하겠다는 발상을 바꿔야 한다. 대학수학능력시험도 미국의 SAT1과 SAT2처럼 대폭 축소해서 대부분의 대학이 공통적으로 적용할 수 있는 수능1과 변별력이 높은 수능2로 분리해 수능 변별력이 약해서 논술시험을 추가로 부과해야 한다는 대학들이 없도록 조치해야 한다. 수능시험을 통해 대학수학능력이 매우 부족해 대학 진학보다는 직업기술교육을 받고 다른 길을 택하는 것이 바람직할 것으로 판단되는 수험생들에게는 올바른 진로 선택 정보를 제공하는 것이 더 긴요하다.

대학수학능력이 턱없이 부족한 학생들을 입학시켜 제대로 된 대학교육을 시키지도 않고 대학 졸업장을 들고 대학문을 나서자마자 실업자를 만드는 대학들은 직업기술교육기관으로 스스로 탈바꿈해야 한다.

논술 폐지로 사교육비를 경감할 수 있다면 다른 대학들도 논술 폐지에 동참해야 한다. 그 다음의 사교육비 증가 요인은 내신이다. 평등주의적 내신을 중요시한 전 정부의 정책 때문에 내신 준비를 위한 사교육비 부담이 가중됐지만, 아직도 내신 평가에 대한 혁신 방안을 내놓는 대학은 찾아보기 어렵다.

내신에는 교과내신과 비교과내신이 있다. 교과내신은 점수로 표시돼 있고, 비교과내신은 학생들을 관찰한 특성이 기술돼 있다. 교과내신을 반드

시 점수로 환산해야 한다는 고정 관념의 틀을 깨야 한다. 교과 성적은 이미 점수화된 수능 성적으로 평가할 수 있기 때문에, 교과 내신을 정량적인 점수 대신에 학생들의 자질과 능력을 평가할 수 있는 정성적 기술로 바꾸는 것을 검토할 필요가 있다.

입학사정관 제도가 정착되면 점수로 환산되지 않는 내신을 활용하여 1석3조의 효과를 거둘 수 있다. 내신 준비 사교육이 줄어들 수 있고, 내신 경쟁으로 인한 인성 파괴를 예방할 수 있으며, 나아가 고교등급제 논란을 잠재울 수 있다. 대학수학능력시험을 수능1과 수능2로 변별력을 강화하여 논술을 폐지하고, 점수로 환산되지 않는 내신을 적극적으로 활용해 사교육비를 절감하고 학교교육을 정상화할 수 있도록 대학이 변해야 한다.

2009.05.04. 문화일보

교육부가 2일 발표한 '대학 구조개혁 및 평가에 관한 법률'에 해산하는 사립대학 법인의 잔여재산을 학교법인 아닌 곳에도 출연할 수 있게 하는 내용이 담길 경우 대학 개혁이 탄력을 받을 것으로 보인다. 부실(不實) 사립대학의 자발적 폐교를 위한 길이 열리기 때문이다.

대학 개혁은 국가 미래의 향방을 가늠하는 척도다. 앞서 지난달 28일 교육부는 전문대와 4년제 대학을 포함한 전국 대학의 입학정원을 2023학년도까지 16만명 감축하는 내용의 '대학 구조개혁 추진 계획'을 발표했다. 2023년에 고교 졸업생은 40만명이 되는데, 대학 입학정원을 39만 9000명으로 만들겠다는 것이다.

산술적으로 보면 고졸자의 99.75%를 대학 입학정원으로 만드는 구조 개혁안이다. 거의 모든 고졸자가 입학할 수 있는 대학정원 감축정책은 의미가 없다. 또 국가 미래를 밝힐 수도 없고 민심(民心)도 얻을 수 없다. 산업계의 요구를 반영, 현장감 있는 대학 구조조정 정책을 다시 짤 필요가 있다. 단

대학 구조조정 실현 위한 3가지 조건

순히 정원 감축만 할 게 아니라, 외국에 의존하고 있는 핵심 기술을 개발할 수 있는 첨단 인력을 양성할 수 있도록 생태계를 만드는 계획이 필요하다.

대학은 전체 교육 시스템과 동떨어진 섬이 아니라, 초·중·고 교육, 직업교육, 대학원 교육 및 성인 계속교육과 연계선상에 있다. 대학 정책은 전체 교육 시스템의 하나로 설계돼야 한다. 그리고 고등교육 지원, 지방대학 육성, 전문대학 지원, 대학 구조조정, 대학 특성화 지원 등으로 나눌 게 아니라, 종합적인 하나의 대학 정책이 설계되고 추진돼야 실효성이 있다.

스위스 고등학생의 70%는 직업계 학교에 다니고, 고졸자의 30% 미만이 대학에 진학하지만, 근로자는 취업 후 대학에서 계속교육을 받을 수 있는 세계 최고의 직업교육 시스템을 갖고 있다. 대통령이 지난달 21일 스위스의 베른 상공업직업학교를 방문한 자리에서 "학벌이 중요한 게 아니라 능력이 중요하게 인정받는, 그런 보상을 받는 나라가 돼야 희망이 있다"고 말했다. 한국도 마이스터고와 특성화고를 졸업한 취업자들이 대졸자에 버금가는 사회·경제적 대우를 받는 고졸 취업 문화가 정착되면 희망이 있다.

대통령은 신년 기자회견에서 경제혁신 3개년 계획을 발표하면서 경제성장의 동력인 교육혁신 3개년 계획은 언급하지 않았다. 지금이라도 고용연계 교육 시스템과 통일 한국의 비전을 구현할 수 있는 교육혁신 3개년 계획을 세워 대학 개혁을 추진할 필요가 있다. 구조조정 계획 수립시 최소한 고려해야 할 3가지가 있다.

첫째, 직업계 고교에서 충분히 이수할 수 있는 것을 전문대나 대학에서 전공으로 개설하고 있지 않은지 살펴봐야 한다. 2011년 3월 스위스 연방 직업능력개발원을 방문했을 때, 스테판 볼터 원장은 "스위스의 직업계 고교에서 충분히 공부를 마칠 수 있는 것을 한국은 왜 굳이 대학에서 전공으로 개설하느냐"고 질문했었다. 학력 인플레는 국가적 낭비라는 지적이었다.

둘째, 전문대와 4년제 대학을 시간선택제 근로자에게 개방하는 세계적인 추세와 시대적 요청을 고려해 평생학습 시대의 대학정원 개념을 재정립해야 할 것이다. 경력 단절자들의 재취업을 위해 경력개발상담센터를 운영하는 영·미의 전문대는 입학 시 수능성적을 요구하지 않기 때문에 고졸자는 누구든 원할 때 입학해 전일제나 시간제로 공부할 수 있다.

셋째, 구조조정 관련 법률 제정 등 개혁 인프라를 완비해 대학이 스스로 승복해 구조조정하지 않으면 안 될 정책을 개발해야 한다. 개혁 계획을 먼저 발표하기보다는 개혁을 추진한 결과를 발표하는 정부가 민심을 얻을 수 있다.

적어도 이 세 가지는 고려해야 대학 개혁 정책이 성공할 수 있을 것이다.

2014.02.04. 문화일보

대학 구조조정 '일본' 주목하자

지방대학의 공동화(空洞化) 현상으로 대학 구조조정이 한국 대학의 현안으로 떠오르고 있다. 2003학년도 199개 4년제 대학의 신입생 미충원율은 전국 평균이 9.4%지만 전북 26.4%, 전남 25.5%로 나타났다. 또, 156개 전문대학의 전국 평균 미충원율은 17.6%지만 경북 38.1%, 전북 33.6%로 지방의 사정은 매우 심각하다. 대학의 학생수 부족은 결국 대학의 존폐 위기로 이어지며, 교직원들과 학생들의 장래 문제 또한 매우 절박한 상황에 놓이게 된다. 정부는 우리보다 한발 앞서서 똑같은 문제에 봉착하여 이 문제를 해결해나가고 있는 일본의 사례를 주목할 필요가 있다.

일본의 문부과학성은 국립대학의 구조조정을 선도한 다음에 사립대학들이 구조조정 할 수 있는 길을 열어 놓았다. 일본은 669개 4년제 대학의 74.1%가 사립이고, 559개 2년제 단기대학의 87.5%가 사립이다. 일본은 2001년 6월에 '대학 구조 개혁 방침'을 발표했고 같은 해 11월에는 '국립대학의 재편·통합에 대한 기본적인 구상'에 대해 각 대학이 자체적으로 구체적인 검토를 하도록 했다. 각 대학은 재편·통합에 대해 교육이나 연구상 어떠한 장점이 있는지를 중심으로 폭넓게 검토했고, 정부는 각 대학의 자율적인 검토를 존중하면서 구조조정을 지원해 왔다.

첫째 유형은 대학간 통합이다. 2002년 10월에 4개의 대학이 2개로 통합됐다. 백화점식 학과 운영이 아닌 특정 분야의 교육 연구 기반을 강화하는 관점과 각각의 특성을 반영한 기능 분담을 실시, 통합했다. 야마나시 대학과 야마나시 의과대학이 통합돼 시각장애인을 유도하는 로봇의 개발을 의학과 공학의 학제적 연구로 개발하는 것이 그 예다.

오는 10월에는 20개 대학이 10개로 통합될 예정이다. 후쿠이 대학과 후쿠이 의과대학이 통합돼 레이저 기술을 암 치료에 활용하는 방법 등을 개발, 응용공학과 의학 등을 융합시킨 새로운 분야의 교육 연구를 추진하고 있다. 다른 대학들도 모두 통합 이전에 각자가 보유한 학문 분야를 학제적으로 융합시켜 새로운 분야를 연구할 목표를 가지고 통합을 추진하고 있다.

둘째 유형은 대학간의 조직적인 제휴와 연합이다. 대학으로서는 각각의 독립을 유지하면서, 복수 대학이 연합하는 경우다. 2001년 3월에는 도쿄 의과치과대학, 도쿄 외국어대학, 도쿄 공업대학, 히토쓰바시 대학이 4대학 연합을 결성, 한 대학에서는 운영할 수 없는 복합 영역 코스를 제공하고, 4개 대학 학생들에 대한 편입학, 복수 학사 학위 취득을 금년부터 허용하고 있다. 호쿠리쿠 지구에 있는 대학원, 4년제 대학 및 2년제 대학 등 7개의 국립대학 연합을 2002년 12월에 결성했고, 시코쿠 지구의 7개 국립대학 협의회가 2002년 4월에 설립돼 교육과 연구를 제휴했다. 홋카이도 6개 단과대학이 2002년 12월에, 북동북 3대학도 2003년 2월에 제휴를 선언했다.

이 밖에도 일본은 대학부속병원, 법과대학원, 교원양성대학에 관한 구조조정을 하고 있다. 일본 대학의 재편·통합은 일률적으로 시행하는 것이 아니고, 모든 준비가 갖춰진 것으로부터 단계적으로 추진하고 있어 지금까지 착실한 진전을 보고 있으며, 동시에 대학간에 검토·협의를 계속 진행시키고 있는 것이 주목할 만하다. 한국은 정부가 일거에 모든 문제를 해결하려다가 실패한 경우가 많다. 일본의 국립대학은 법인화후, 각 대학의 입장으로부터 교육 연구의 관점뿐만 아니라 재편·통합을 포함한 다양한 조직 개혁을 검토하고 있으며, 문부과학성은 그 정도에 따라 지원하고 있음을 주목해야 한다.

한국 대학들의 재편·통합을 검토하기 위해서는, 지방 대학이 지역의 지적 문화 거점으로서 지역 공헌의 기능을 충실히 강화할 수 있도록 구조조정을 해야 한다. 대학들이 구조조정을 할 때 지방자치단체는 물론 지역내 기업, 그리고 지역사회 인사들의 의견을 수렴하는 것도 중요하다. 또한 수도권과 지방 대학간에 교원이나 시설 설비 등 교육자산과 학습자산을 공유하는 방안, 대학간의 역할 분담, 나아가 국·공·사립 대학과 부속기관이 컨소시엄을 형성하는 방안, 지방 자치단체나 산업계와도 제휴하는 방안을 마련하여 교육과 연구에 충실하고 아울러 지역사회 발전에도 기여할 수 있는 구조조정 방안을 모색할 필요가 있다.

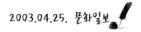

2003.04.25. 문화일보

학령인구의 감소로 대학 구조조정은 필수적이지만, 정부가 너무 직접적으로 나서면 불필요한 갈등을 유발할 우려가 있다. 물이 흘러가듯이 자연스럽게 대학 스스로 구조조정을 할 수 있도록 유도하는 정책이 바람직하다.

고등교육을 받을 수 있는 곳은 전문대학과 종합대학, 직업전문학교, 폴리텍대학, 사내대학, 대학 부설교육원 등 다양하다. 학점은행제를 통해 각종 학위 취득이 가능하고, 방송통신대와 사이버대학 등 대안적 고등교육기관도 있다. 교육부는 이런 사실을 고려하지 않고 부처가 관장하는 전문대학과 종합대학을 중심으로 구조조정정책을 시행하려고 한다.

모든 대학의 정원을 감축하는 방식의 구조조정 정책은 대학교육 역량이 매우 미약해 퇴출돼야 할 대학마저도 모두 살리겠다는 전제 아래에서 추진되는 것이므로 대학의 국제경쟁력 차원에서 바람직하지 않다. 역량이 없는 대학은 스스로 폐교하고 역량이 부족한 대학은 자구책을 만들어갈 수 있도록 해야지, 정부가 인위적으로 개입하

대학 구조조정, 스스로 하게 이끌어야

면 부작용이 발생할 것이다. 굳이 정원감축이라는 직접적 개입을 하게 되면 또 다른 갈등을 유발해 결국은 정부와 여당의 부담으로 돌아올 것이다. 인위적 정원감축을 통한 구조조정은 대학 교직원과 지역사회 주민들의 반발을 불러일으킬 수밖에 없기 때문이다.

정부가 해야 할 대학 구조조정 역할은 교육역량평가를 통해 재정지원 대학을 제한하는 현행 제도를 강화해 역량이 없는 대학이 스스로 문을 닫도록 유도하는 것이며, 문을 닫아야 할 대학이나 문을 닫고 싶은 대학이 스스로 문을 닫을 수 있도록 퇴로를 열어주는 것이다. 그러기 위해서는 대학들 간에 인수합병이 쉽게 이뤄질 수 있도록 만들어야 한다. 대학이 스스로 폐교할 길도 열어줘야 한다. 나아가 대학의 교육여건을 지속적으로 모니터링해 교육역량을 국제적 수준으로 끌어올려야 한다. 즉, 선진적인 대학 평가시스템을 구축하는 것이다.

대학 구조조정 정책의 일환으로 정부는 고등학교를 졸업하고 취업한 성인근로자가 계속교육을 받을 수 있도록 대학교육시스템을 개편할 필요가 있다. 계속교육기관은 반드시 4년제 종합대학과 2~3년제 전문대학일 이유가 없다. 이런 면에서 정부의 전문대학 공약에서 1년짜리 전문대학과정을 강조한 것은 매우 의미가 있다. 필요에 따라 3개월 과정이나 6개월 과정의 계속교육 프로그램을 운영하는 비학위과정도 바람직하다.

대학이 스스로 정원을 감축하도록 유도하기 위해, 정부는 대학을 가지 않아도 행복하게 살 수 있는 정책을 지속적으로 추진해야 한다. 입직(入職) 연령을 대폭 단축시키는 고졸 취업문화가 정착되면, 노동시장에서 활동하는 시간이 길어져 나중에 복지 부담도 줄일 수 있고, 불필요한 대학 진학으로 인한 개인과 가족, 사회의 낭비를 막을 수 있다. 고졸인력이 부족한 중소기업은 인력난을 극복할 수 있고, 경제적 독립이 가능한 취업자로 인해 사회적 건강도가 높아지므로 고졸취업은 국민행복 만들기의 핵심적인 수단이 될 수 있다.

고졸취업자들이 독일처럼 경제적 측면에서 대졸자와 별 차이가 없는 대우를 받을 수 있도록 근로생태계를 조성해주고, 계속교육도 어려움 없이 받을 수 있도록 제도적으로 도와줘야 한다. 전문대학에서 수능을 요구하지 않고, 기존의 주간 대학이 주말이나 야간대학으로 변신하는 것도 대학 구조조정 정책의 하나가 돼야 할 이유가 여기에 있다.

대학구조조정 정책은 단순히 대학의 수나 정원을 감축하는 데 그칠 것이 아니다. 국제경쟁력을 제고하고 사회경제정책과 맞물려 작동될 수 있도록 대학교육시스템을 재구조화해야 갈등을 유발하지 않고 성과를 거둘 수 있다.

2014.01.15. 한국경제신문

일본이
국립대 법인화한
까닭

일본은 지난 3월부터 도쿄대(東京大)를 비롯한 99개 국립대학을 법인화했다. 국민의 세금으로 방만하게 운영되던 국립대학의 국제경쟁력을 제고하기 위해 지난 10년간 일본 정부와 국립대학들이 공동으로 노력한 결과가 현실화한 것이다. 그 동안 몇 번의 정권 교체가 있었지만 정권과 관계없이 국익 차원에서 국립대학의 개혁을 이끌어 왔다. 앞으로 5년간만 국고를 지원하고 교직원들의 신분이 보장될 뿐 그 이후에는 모든 것이 대학 책임이다.

일본 국공립대학들은 연합과 합병을 거쳐 법인으로 변모했고 교수·교직원들은 스스로 공무원 신분에서 벗어났다. 이에 자극받은 사립대학들도 생존 차원에서 대학 혁신의 고삐를 늦추지 않고 있다. 사립 명문 와세다(早稻田)대학이 기업인을 부총장으로 영입, 거액의 운영비를 절감하는 데 성공하자 도쿄대는 그를 법인의 이사로 추대했다. 교수회가 학사행정을 결정하던 국립대학 체제가 법인으로 바뀌자 교수회 대신 이사회가 그 일을 맡게 됐고, 이사의 절반 이상은 기업인들로 구성했다.

일본은 국립대학이 법인화되기 전에 이미 국립대학과 사립대학에 그 설립 목적을 살릴 수 있도록 차별화를 인정했다. 대학입시만 하더라도 국립대학은 지난 77년에 설치된 국립대학입시센터를 모체로 하여 2001년에 설립된 독립 행정법인인 대학입시센터가 주관하고 있고, 사립대학은 완전 자율에 맡겼다. 국립대학 입시를 정부가 관장하고 사립대학 입시를 자율에 맡겼다고 문제가 된 적은 없다.

자율을 만끽하는 사립대학을 바라보는 일본 국립대학의 구성원들이 대학 자율을 획득하기 위해서는 국립의 틀을 벗어나는 길밖에 없다고 판단했을 것이다. 일본 정부는 방만하게 운영되는 국립대학의 재정 운영 상황을 보고만 있을 수 없었을 것이고, 통제의 칼을 놓기는 아깝지만 국민의 세금을 아끼기 위해서는 국립의 틀을 벗길 수밖에 없었을 것이다. 일본 국립대학과 일본 정부의 이해가 절묘하게 맞아 떨어지지 않았다면 일본 국립대학의 법인화는 무산됐을 수도 있었을 것이다.

국립대학 법인화의 또 하나 변수는 구성원들이 쥐고 있었다. 교수들과 교직원들은 국가공무원으로 안주하면서 누릴 수 있었던 통제적 혜택보다는 민간인 신분으로 바뀌었을 때의 자율적 혜택을 선택한 것이다. 결국, 일본 정부는 국립대학의 법인화를 통해 국민의 세금을 절감하는 것은 물론 정부의 통제를 풀고 자율의 폭을 넓혀 주었다. 대학 자율을 바탕으로 세계 초일류 대학으로 발전하고 있는 외국의 명문 사립대학들과 당당히 경쟁할 수 있는 초석을 일본은 정부가 앞장서서 마련한 것이다.

반면, 한국은 어떤가? 한국에서 공무원이 가장 많은 부처는 교육인적자원부다. 본부 인원이 많아서가 아니라 국공립 학교의 교수·교사·교직원이 모두 공무원이기 때문이다. 국립대학을 법인화하게 되면 공무원 수가 그만큼 줄어들어 제살깎기를 해야 하는 곳이 교육부다. 그럼에도 교육부

는 국가 발전 차원에서 국공립대학의 공익법인화 문제를 들고 나왔다. 그러나 국무회의에서 다른 부처 장관들의 제동으로 이 국립대학 법인화 문제는 물 밑으로 가라앉고 말았다. 교육부 발표에 따르면 국립대학 운영 방안 개선 문제는 지난 1년간 인적자원개발회의를 통해 관계 부처의 의견을 다 모은 사안이다. 장관들이 바뀐 다음에 인수인계가 제대로 안 됐는지 모르지만 바뀐 장관들이 제동을 걸었다. 교육부장관이 아닐지라도 한국의 국무위원이라면 이웃 나라 일본의 국립대학이 왜 법인화했는지에 관심을 가져야 조국을 동북아의 중심 국가로 만드는 리더십을 발휘할 수 있을 것이다.

한국 대학들이 국제 경쟁력이 있는 질 높은 수준의 교육을 제공하기 위한 관건은 자율권 확보에 있다. 한국의 국립대학은 물론 사립대학도 건학 이념을 제대로 살릴 수 있는 자율의 폭이 매우 좁다. 이런 상황에서 국립대학이 법인화한다고 해서 자율을 줄 것도 아닌데, 굳이 법인화를 해서 일거리를 만들 필요가 있느냐는 생각을 하는 국무위원이 행여 있지 않을까 우려된다. 우리 정부 장관들은 일본 정부가 국립대학을 왜 공익법인화했는지 한국의 미래 기회 창출 차원에서 진지하게 고민해 본 뒤, 교육인적자원부의 정책 수립에 훈수를 두어야 할 것이다. 교육인적자원부도 국립대학 법인화 추진 문제를 학벌주의 극복 대책의 일환이 아닌, 대학의 자율과 책무성을 진작시키는 국제 경쟁력 높이기와 인적자원 개발 차원에서 다시 접근해야 할 것이다.

2004.04.14. 문화일보

한국에서 공무원을 가장 많이 보유하고 있는 부처는 교육부이다. 본부 인원이 많아서가 아니라 국·공립학교의 교수 교사 교직원들이 모두 공무원이기 때문이다. 국립대학을 법인화하게 되면 공무원 수가 그만큼 줄어들어 제살깎기를 해야 하는 곳이 교육부이다.

그럼에도 불구하고 교육부가 대학의 자율성과 책무를 진작시키고 국제경쟁력을 제고하는 차원에서 국립대학 법인화 추진정책을 발표하였지만 국립대학 관계자들의 반응은 매우 냉담하다. 그렇다면 일본의 국립대학들은 왜 법인화를 선택하였는가를 알아볼 필요가 있다. 일본은 작년 4월에 도쿄대를 비롯한 모든 국립대학을 공익 법인화하였다.

일본 경제의 거품이 꺼지던 1990년대 초부터 약 10년간 일본 정부와 국립대학들이 공동으로 노력한 결과가 현실화된 것이다. 그동안 몇 번의 정권교체가 있었지만 국민의 세금으로 방만하게 운영돼 오던 국립대학의 개혁을 국익 차원에서 이끌어온 것을 주목

국립대 법인화 반대 명분 없다

할 필요가 있다. 일본 국립대학들은 연합과 합병을 거쳐 법인으로 변모하였고 교수들과 교직원들은 스스로 공무원 신분에서 벗어났다. 이에 자극받은 사립대학들도 생존 차원에서 대학 혁신의 고삐를 늦추고 있지 않다.

와세다 대학이 기업인을 부총장으로 영입하여 거액의 관리비를 감축하는 데 성공하자 도쿄대는 그를 법인의 이사로 추대하였다. 국립대학 체제가 법인으로 바뀌면서 교수회 대신 이사회가 그 일을 맡게 되었다. 도쿄대는 법인화되면서 재무와 경영을 책임지는 최고 결정기구인 경영협의회를 구성하였다. 법인화를 계기로 대학 경영이라는 개념이 대학 행정에 도입되었고 올해부터 대학원 교육학연구과에 '대학 경영, 정책 코스' 석·박사 과정을 개설하면서 대학을 경영할 인재를 양성하고 학문적으로 연구하기 시작한 것은 엄청난 변화이다. 일본은 국립대학이 법인화되기 전에 이미 국립대학과 사립대학의 운영체제가 달랐다.

대학 입시만 하더라도 국립대학은 1977년에 설치된 국립대학입시센터를 모체로 하여 2001년 설립된 독립 행정법인인 대학입시센터가 주관하는 시험을 치렀지만, 사립대학은 완전 자율에 맡겨졌다. 자율을 만끽하는 사립대학을 바라보는 일본 국립대학의 구성원들이 대학 자율을 획득하기 위해서는 국립의 틀을 벗어나는 길밖에 없었을 것이다. 국립대학과 일본 정부의 이해가 절묘하게 맞아떨어지지 않았다면 일본 국립대학의 법인화는 무산되었을 수도 있었을 것이다.

국립대학 법인화의 또 하나 변수는 구성원들이 쥐고 있었다. 국가 공무원이었던 교수들과 교직원들은 공무원으로 안주하면서 누릴 수 있었던 통제적 혜택보다는 민간인 신분으로 바뀌었을 때의 자율적 혜택을 선택한 것이다. 대학의 교수나 교직원들이 굳이 국민들에게 봉사하는 공무원 신분을 유지해야 할 이유는 없다. 공무원 신분이 아닌 사립대학 교수들이 교수직을 수행하는 데 아무런 문제가 없다면, 국립대 교수들이 공무원 신분을 유지하기 위해서 국립대학의 법인화를 반대하는 것은 명분이 없다.

국립대학의 법인화를 추진하기 위해서 교육부가 먼저 추진해야 할 일은 사립대학들에 대학 경영의 자율권을 OECD 국가 수준으로 허용하는 것이다. 왜냐하면 한국의 국립대학은 물론 사립대학도 건학 이념을 제대로 살릴 수 있는 자율의 폭이 매우 좁기 때문이다. 이런 상황에서 국립대학이 법인화한다고 해서 자율권이 확대될 것도 아닌데, 굳이 법인화할 필요가 있느냐는 의문을 가질 수 있다. 그러므로 교육부는 먼저 사립대학에 학생 선발권을 비롯한 대학 경영의 자율권과 책무를 부여하여 국립대학이 법인화할 때 얻을 수 있는 이점을 가시적으로 보여주어야 한다.

일본 정부가 국립대학의 법인화를 통해 국민의 세금을 절감하는 것은 물론 정부의 통제를 풀고 자율의 폭을 넓혀주어 미국의 하버드대를 비롯한 세계적인 대학들과 당당히 경쟁할 수 있는 여건을 마련해 주었음을 간과해서는 안 된다.

2005.05.15. 한국경제신문

국립대
법인화의 조건

최근 서울 프레스센터에서 경제협력개발기구(OECD)가 발표한 한국의 규제개혁 모니터링 보고서는 교육 3불(不)정책과 정원 관련 규제가 한국 대학의 자율권을 명백히 제한하고 있다고 지적했다. 또 국·공립대학을 정부로부터 독립시켜 법인화해야 한다고 권고했다. 고등교육의 질을 개선하기 위해서는 한국의 모든 대학이 자율권을 확보해야 하며 정부로부터 직접 통제를 받는 국·공립대학도 독립돼야 한다는 것이 OECD의 주장이다.

고등교육의 질이 향상되면 기업의 구인난(求人難)과 학생들의 구직난(求職難)으로 인한 미스매칭을 메울 수 있는 길을 찾을 수 있다. 늘어만 가는 청년실업자와 청년무업자들이 사회적 비용과 불안요소로 작용하는 것을 차단하기 위해서라도 고등교육의 질 향상은 우리가 해결해야 할 당면 과제다.

이미 정부가 지난 9일 '국립대학법인 설립·운영에 관한 특별법안'을 입법예고했지만, 정작 국립대학 구성원들의 반응은 매우 부정적이다. 국립대학이 정부로부터 독립되면 자율권이 향상돼

대학을 특성화할 수 있고 대학의 경쟁력을 강화하는 긍정적인 점이 있다. 법인화가 되면 대학발전의 긍정적인 변화가 있는 반면 경쟁원리 도입에 따른 대학들 상호 간 역량 차이, 대학의 지정학적 격차 등 부정적인 변화를 우려하는 목소리도 크다. 국립대학 법인화를 추진함에 있어서 긍정적인 변화는 강화하고 부정적인 변화는 극복해야 희망이 있지, 부정적인 변화를 두려워해서 법인화를 반대하는 것은 반대하는 이들의 이기주의적 소산이라고 비난받을 소지가 있다.

이웃나라 일본이 국립대학 법인화를 실시해 일취월장(日就月將)하는 모습을 지켜보고 있는 사이에, OECD가 규제개혁 차원에서 한국 국립대학이 정부로부터 독립해야 한다고 권고하고 나섰지만, 정작 한국의 국립대학 일부 구성원들은 독립을 반대하고 있다.

정부가 국립대학 법인화를 추진해 대학이 수동적으로 대응하기보다는 능동적으로 법인화를 추진했더라면 대학의 의견을 보다 많이 반영할 수 있었을 것이다. 대학보다 정부가 먼저 나서서 법인화를 추진하기 때문에 졸속 처리되는 우려도 있지만, 대학은 지금이라도 능동적으로 나서서 대학발전을 위해 정부와 협상하는 것이 필요하다. 왜냐하면 대학은 교직원을 위해 존재하는 것이 아니라 학생을 위해 존재하기 때문이다.

대학이 학생의 미래 만들기를 위한 교육을 실시할 때, 대학의 존재가치는 더욱 빛을 발휘할 수 있다. 국립대학이 법인화 되면 중앙 정부뿐만 아니라 지방정부, 그리고 기업과의 협력체제 구축이 절대적으로 필요하다. 그래야 지역과 기업이 요구하는 인재를 양성할 수 있고, 양성된 인재는 사회가 필요로 하는 인재로 대접받을 수 있다. 그러한 협력구축은 대학 스스로 키우는 역량에 의해 결정된다. 글로벌 시대에 국내 기업뿐만 아니라 세계 기업들과의 협력구축 또한 대학이 발전하는 중요한 자생력(自生力)이 될 것이다. 그 자생력은 정부로부터 독립할 때 가능한 것이기 때문

에 OECD도 대학의 완전 자율과 독립을 권고하는 것이다.

국립대학 법인화는 대학의 자발적 특성화를 전제로 추진돼야 성공할 수 있다. 먼저 정부는 대학이 스스로 특성화할 수 있도록 대학경영에 관한 모든 자율권을 보장해야 한다. 그리고 대학은 자율권을 전적으로 행사할 수 있는 자체 역량을 키워야 한다. 이제까지 대학들은 정부가 주도하는 대학개혁 드라이브에 수동적으로 대응하느라 분주했기 때문에 대학 스스로가 개혁 청사진을 만들고 실행할 수 있는 여유가 부족했다. 이제 정부도 대학에 자율권을 양도하고 대학이 스스로 책무성을 다하는지 지켜보아야 한다.

산업시대의 패러다임으로 대학을 규제하려 들지 말고, 지식정보시대에 걸맞게 대학이 스스로의 역량으로 국가와 기업, 그리고 사회가 필요로 하는 인재를 양성할 수 있도록 도와주는 자세가 필요하다. 정부가 국립대학 법인화를 추진하면서도 대학을 규제하는 자세를 견지한다면 국립대학 법인화의 의미가 없어진다. 따라서 정부와 대학은 자신들이 아닌 학생들을 위한 법인화 추진을 위해 대결이 아닌 대화를 통해 협력해야 한다.

2007.03.29. 한국경제신문

고통을 겪으면서도 배우려 하지 않는다면

대학수학능력시험(수능) 출제 오류로 나라가 어수선하다. "고통을 겪으면서도 배우려 하지 않는다면 백성이 하급이 되는" 것보다 더 심각한 문제는 어린 백성이 고통을 겪는 것을 보고도 못본척하는 데에 있다. 논어의 계씨(季氏)편에서 공자는 "태어나면서 아는 자(生而知之者)는 상급(上也)이요, 배워서 아는 자(學而知之者)는 다음(次也)이요, 고통을 겪은 뒤에 배우면(困而學之) 또 그 다음(又其次也)이요, 고통을 겪으면서도 배우려하지 않는다면(困而不學) 백성이 하급이 된다(民斯爲下矣)"고 말하였다.

어린 백성이 고통을 겪고 있는 것은 교육문제이다. 특히 외국에 비해 과다한 전형방법으로 과다한 입시준비를 요구하는 대학입시가 문제이다. 내신뿐만 아니라, 수능, 논술, 구술 준비, 그리고 입학사정관제 입시전형에 따라 별도의 준비를 해야 한다. 학교 교육의 정상화라는 명분을 걸고 내신 성적을 입시에 반영하였는데, 명분대로 되었는지 반성할 필요가 있다. 음악은 심적 조화, 미술은 창의성, 체육은 인내와 협동심, 연극은 정서 발달에 결정적

인 역할을 하지만 중고등학교에서 소홀히 다루고 있는 것은 내신 산출방식과 무관하지 않다. 지금 같은 내신 산출방식에 대한 성찰 또한 필요하다.

미국은 기본적인 대학수학능력을 측정하는 필수 수능으로 언어와 수학 두 과목만 시험을 보고, 다른 과목은 전공별 심화 능력을 측정하는 선택 수능II로 분리하여 개인의 끼를 전공분야별로 맞출 수 있도록 운영하고 있다. 독일도 개인의 끼를 살릴 수 있도록 고등학생이 중점과목 2개를 선택하면 수업시간도 2배이고 성적도 2배로 반영한다. 한국이 장차 문·이과 교육과정을 통합한다면 현행 수능을 혁신할 필요가 있으므로 미국과 독일 수능 방식을 학이지지(學而知之)하면 한국 실정에 맞는 방안을 만들 수 있다.

사교육비를 절감한다는 명분으로 수능문제의 70%를 교육방송(EBS) 수능 강좌와 연계 출제해야 한다는 정책을 시행하고 있지만, EBS 수능방송 해설 사교육이 등장하는 부작용이 발생했다. 학생들은 교과서 이외에 EBS 교재를 공부해야 한다는 이중부담을 갖게 되었고, EBS 교재 암기에 몰두하니 창의교육은 어렵게 되었다. 학교의 역할은 지식교육에 그치는 것이 아니라 교사가 학습자와의 교감을 통해 덕육교육을 하는 것이 중요하다. 학교가 창의교육과 덕육교육을 제대로 할 수 있도록 70%정책이 재검토 되어야 한다.

수능은 원래 목적대로 진로신호기제 역할을 해야 한다. 수능시험 결과를 통보할 때 성적만 통보할 것이 아니라, 학생과 학부모에게 대학 수학능력 가능성 여부를 알려주어야 개인이 각자 끼를 살려 꿈을 이룰 수 있다.

현행 수능은 소수점 이하의 차이로 어린 백성을 한 줄로 세우고, 전국의 대학과 학과를 한 줄로 세우는 오류를 범하고 있다. 수능이 입시의 기초자료로만 사용되어야 하는데도 불구하고, 수준이 다른 모든 대학이 수능에 과도하게 의존하여 학생 선발을 하고 있기 때문에 서열화를 자초하면서도 곤이불학(困而不學)하고 있어 매우 안타깝다. 어린 백성은 수능뿐만 아니라 논술준비를 위해 사교육을 강요당하는 괴롭힘을 당하고 있다. 대학본고사를 금지하고 대신에 논술시험을 허용하는 입시정책으로 인해 학교 교육과정에 없는 논술과목 준비를 위한 사교육이 부작용을 일으키고 있다.

서울대가 2015학년도 정시모집에서 논술을 폐지하였다. 서울대가 논술 없이 학생을 선발할 수 있는 방안을 내놓았으므로, 모든 대학이 정시모집뿐만 아니라 수시모집에서도 논술을 폐지해야 공교육이 정상화될 수 있고 논술 사교육의 부작용을 방지할 수 있다. 어린 백성이 고통을 겪고 있는 정책을 방치하면 하급이 되는 것은 생이지지(生而知之) 수준의 상식이다. 하급에서 상급으로 교육생태계의 변화를 위한 곤이학지(困而學之)가 필요한 때다.

2014.11.24. 헤럴드경제

대학에
학생선발
자율권을

후진국은 통제 위주의 타율적 교육 정책을 시행하고 있고, 선진국은 지원 위주의 자율적 교육정책을 펴고 있다. 사립대학 본고사 금지를 법령으로 제정한 것은 세계의 중심국가가 되겠다는 야망을 온 천하에 천명했던 한국 정부가 아직도 통제만능의 교육 후진국임을 자인한 셈이다.

수능의 변별력이 문제되고 있는 이때에 정부가 대학의 본고사를 금지하는 법령을 서둘러 제정한 것은 규제완화와 대학의 자율권 확대를 강조해 온 그 동안의 정부정책을 스스로 부정하고 나선 것이다. 수능의 변별력이 충분히 있어 선발도구로 가치를 발휘한다면 본고사를 굳이 볼 필요가 없겠지만, 본고사 실시 여부는 대학이 자율적으로 결정할 사안이지 정부가 법령으로 정할 수 있는 것은 아니다. 수능의 변별력이 없어져 수험생과 학부모, 그리고 교사들이 모두 혼란에 빠져 있는데도 불구하고 당국은 최상위권 학생들만의 문제일 뿐이지 전체 학생의 문제는 아니라고 항변하고 있다.

수능 당일에 전년도 대비 평균점이

3점에서 5점 정도 하락할 것으로 수능출제위원장이 발표했기 때문에 공식적인 채점결과가 나올 때까지는 문제를 인정하지 않을 것으로 보인다. 그러나 평균점이 20점 이상 상향돼 변별력이 문제라는 입시기관들의 주장이 사실로 판명되면 정부는 국민에게 정중히 사과하고 해결방안을 내놓아야 마땅할 것이다. 수능을 쉽게 출제하면 과외가 근절되고, 본고사를 실시하지 않으면 고교교육이 정상화될 것이라는 주장은 과외의 번창과 공교육의 부실화로 허구임이 판명됐다. 아무리 수능을 쉽게 출제해도 과외수요는 없어지지 않을 것이다. 시험이 쉬우면 쉬운 대로, 어려우면 어려운 대로 과외수요는 있게 마련이다. 무려 18과목이나 이수해야 하는 고교의 교육과정을 그대로 두고, 쉬운 수능과 대학 본고사 금지를 교육정상화 기제로 활용하려는 것은 오산이다. 과외문제가 심하지 않은 교육선진국처럼 고교 교육과정을 필수 2과목 혹은 3과목, 선택 4과목 혹은 5과목으로 총계 6과목 내지 8과목으로 대폭 축소한다면 과외수요는 줄게 되고, 학생들이 적성과 소질을 발견할 여유를 갖게 돼 공교육이 정상화할 수 있는 실마리를 찾을 수 있을 것이다.

수능이 대학선발의 도구로 활용되려면 반드시 변별력을 확보해야 한다. 만약 앞으로도 계속 정부 당국이 변별력이 없을 정도로 수능을 쉽게 출제하는 정책을 고수한다면 수능은 합격이나 불합격 판정만 하는 자격시험으로 전환하고, 각 대학에 선발자율권을 주어야 한다. 각 대학이 본고사를 보든 말든 정부가 간섭할 일이 아니다. 대학원의 경우 대학원 입학 수학능력시험이 없을 뿐만 아니라 정부가 아무런 간섭을 하지 않고 있다. 그럼에도 불구하고 각 대학이 무시험 혹은 유시험으로 학생을 자율적으로 잘 선발하고 있다. 대학원생을 자율적으로 선발할 역량이 있으면 대학생도 자율적으로 잘 선발할 수 있지 않을까. 대학에 선발자율권을 보장하기 위해서는 당장 2002년부터 사립대학의 본고사 금지를 규정한 법령

을 폐기해야 한다.

　민주국가에서 사립대학은 그 대학이 고유하게 가진 설립이념을 구현할 수 있는 교육과정을 편성할 권리가 있고, 아울러 그 교육과정을 충실히 이수할 수 있는 학생을 선발할 권리를 가진다. 사립대학의 교육과정 편성권과 학생 선발권리를 정부가 침해해서는 대학이 발전할 수 없음은 물론 민주주의의 기본이념이 퇴색된다. 정부가 자율권을 보장하면 대학은 자율권을 적극적으로 행사해야 한다. 비민주적인 역대 정권에 의해 오랫동안 타율에 길들여진 대학들이 이른바 국민의 정부 시대를 맞아 아직도 자율권을 발휘하지 못한 채 정부가 자율적으로 하라고 해도 눈치만 살핀다면 한국은 교육후진국 신세를 면치 못할 것이며 이는 오로지 대학이 책임져야 할 일이다.

　자기 대학에서 교육시킬 학생을 자기 대학 역량으로 선발하지 못하는 대학에 무엇을 믿고 2세 교육을 맡길 수 있는가. 모든 것을 정부가 해결해주길 기대하는 타율적인 대학이 이 땅에서 완전히 사라지지 않는 한 대학의 발전은 물론 이 나라 교육의 선진화는 기대할 수 없다. 한국이 교육선진국의 반열에 오르기 위해서는 정부는 물론 대학이 창조적으로 변화해야 한다.

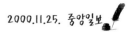

2000.11.25. 중앙일보

'대입정책' 분권화로 풀어야

고교등급제, 본고사, 기여입학제 금지 등 대입 '3불(不)'정책은 문민정부 말기에 고등교육법시행령을 고쳐서 만든 것인데, 참여정부도 고수하고 있다. 당시의 대통령과 교육부장관은 모두 서울대 출신인데, 그 중 본고사 금지 조항이 작금 서울대를 대학자율권 논쟁의 중심에 세웠다.

수능과 내신의 변별력 약화를 이유로 통합형 논술카드를 내민 서울대의 입시방침이 통합형 논술준비 사교육시장을 요동치게 했다. 논술공부를 꼭 사교육에 맡겨야 하느냐는 여론이 들끓자, 서울·부산·전북교육청은 통합 논술 교육을 학교에서 할 수 있도록 여름방학에 교사 연수를 실시키로 했다. 급기야 교육부는 대입논술이 본고사 수준이냐 아니냐를 판단하는 논술고사 심의제를 시행하고, 심의 결과가 본고사로 판정되면 행정·재정상 제재를 하기로 했다. 지난 2주간 대학입시를 비롯한 대학자율권에 대하여 각계각층의 다양한 의견이 치열하게 표출된 만큼, 이제는 냉철하게 입시정책 문제를 근본적으로 풀어야 할 때다.

논술고사 파동을 계기로 적어도 두 가지 사실이 확인됐다. 한국에서 대학 입시정책은 대통령이 직접 나서서 챙겨야 할 만큼 중차대한 사안임이 입증됐다. 그리고 정작 자율을 요구해야 할 사립대학은 침묵하고, 정부기관인 국립 서울대 총장과 교수평의회가 자율을 요구하고 나선 것을 보면 공무원 신분의 교수가 민간인 신분의 교수보다 힘이 세거나 용감하다는 것도 판명됐다. 대학자율에 관한 국제적인 추세를 보면 사립대학에 대한 자율은 확대되고, 대학의 사회적 책임이나 공공성을 강조하는 국가에서는 세금으로 운영되는 국공립대학 경영에 대한 정부의 개입도가 큰 것이 특징이다.

한국과 일본은 노르딕 국가와 더불어 정부의 개입도가 큰 국가로 분류되고 있는데, 이들 국가에서는 공통적으로 국공립 대학을 정부의 한 부서로 간주하고 있기 때문이다. 그렇지만 한국과 비슷한 대학의 구조를 갖추고 있던 일본은 국립대학 법인화가 2004년도부터 시행되면서 자율권이 확대되는 추세다.

일본의 경우 정부가 재정을 부담하는 도쿄대를 비롯한 구(舊)국립대학은 정부가 주관하는 대학입시센터의 시험을 요구하지만, 사립대학에는 학생선발권을 전적으로 보장한다. 사립대학은 부속학교 출신의 동일학교계열 무시험 입학, 대학이 지정한 교장 추천 입학, 대학 자체 입학시험이나 정부주관 시험 활용 등 세 가지 방법을 사용한다. 초·중등 시절에 대학입학이 보장돼 전인교육을 받은 부속학교 출신 중에 인류사회발전에 기여한 졸업생이 더 많다는 사실은 시사하는 바가 크다. 대학경쟁력 세계최고를 자랑하는 미국의 경우, 사립대학의 학생선발권은 전적으로 보장된다. 주립대학의 경우, 형평성 확보 차원에서 해당 주 학생을 일정 비율 이상 입학시켜야 하는 것과, 수월성 확보 차원에서 일정 성적 이상의 학생들을 입학시켜야 한다는 조건 외에 특별한 경우를 제외하고 주정부가 간섭하는 일은 거의 없다.

미국과 일본은 대학에 관한 한 분권화 정책을 실시함으로써 한국처럼 대입정책 때문에 나라전체가 논쟁에 휩싸이는 일이 없다. 정권이 부담을 가지지 않으면서도 형평성과 수월성을 동시에 확보할 수 있는 입시정책은 분권화다. 국립대는 중앙정부와, 공립대는 지방정부와 정책을 조율하고, 사립대는 자율권을 부여하는 분권화 정책으로 문제를 푸는 것이 교육선 진화로 가는 길이다.

2005.07.20. 서울신문

전략 필요한
외국대 분교 유치

세계무역기구(WTO)는 한국정부에 2003년 3월까지 교육시장에 대한 개방방안을 마련해 제출할 것을 요구하고 있다. 교육시장 개방의 최대 관심사는 외국대학 국내분교 설치 문제다. 현행 고등교육법 시행령에 의하면 외국대학이 지방의 각 시·도에 한군데씩 분교를 설립할 수 있으나, 학교운영 수익금의 대외 송금을 허용하지 않고 있어 현재까지 외국대학 분교가 설립된 경우는 없다. 그러나 이런 장벽이 곧 도하라운드 협상에 의해 제거돼 교육시장이 완전히 개방되면 교육열이 높은 한국은 외국 대학에 매력적인 시장으로 부상할 것이다.

외국의 어떤 명문대학들도 그들에게 큰 이익이 없는 한, 우리가 적극적으로 유치노력을 하더라도 한국에 분교를 설치할 가능성은 없다. 그러나 현지에서 학생모집을 제대로 하지 못하는 부실 외국대학들은 파산을 면하기 위해 경쟁적으로 분교를 설치할 것이다. 뉴욕증권거래소나 나스닥에 상장하고 있는 기업들이 영리를 목적으로 운영하는 상업적인 대학들도 이익이 예견되면 분교를 설치할 것이다. 미국에서는 지난 10년간 약 200개의 비영리 대학이 파산했고, 현재 약 700여개의 영리를 목적으로 한 대학이 성업 중이다. 영리목적의 외국대학들이 들어온다면 부실한 국내대학들은 폐교 위기에 봉착할 것이다.

일본의 경우, 20여년 전에 학부수준의 30여개 외국대학이 분교를 설립했으나, 현재는 2개 정도가 남아 있다. 일본 국내에서는 학위인정이 안되고 지방에만 설립을 허용한 탓도 있지만, 대부분의 외국대학이 자국에서도 학생 모집을 못하는 부실 대학들이었다. 학생들도 부실한 외국대학 분교보다는 외국인 교수를 100명 이상 고용하고 있는 도쿄대를 비롯해 국제화를 추진한 일본 국내대학들을 선호했기에 일본에 진출했던 외국분교는 실패했다. 그러나 일본 산요전기연수원을 분교 캠퍼스로 사용하고 있는 미국 보스턴경영대학원 고베분교의 경우는 다르다. 산요전기를 비롯한 일본 기업과 경제단체들이 유치한 고베분교는 주로 미국학생들이 여름 3개월간 일본학생들과 함께 공부하는 프로그램으로 이용된다.

싱가포르는 학부 수준이 아닌 대학원수준, 부실 대학이 아닌 세계적인 명문 경영대학원을 정부지원과 민간투자로 유치했다. 정부 지원과 싱가포르 및 프랑스, 영국, 벨기에 등의 기업과 재단, 그리고 개인 투자로 설립된 프랑스의 인시아드(INSEAD)경영대학원은 2000년 1월에 문을 열어서 싱가포르 학생뿐만 아니라 36개국에서 온 외국학생들도 함께 가르치고 있다. 미국의 시카고 경영대학원도 2000년 9월부터 싱가포르에 아시아 캠퍼스를 설치하고 회사원을 위한 경영학 석사과정을 시작했다. 대부분의 학생은 기업체의 직원들로 학비는 기업이 부담한다. 수업료의 3%에 해당하는 판매세금을 학생들이 부담해야 하고 이 세금은 싱가포르 정부로 귀속된다.

외국의 명문대학이 한국에 분교를 설치하면 국내 대학이 자극을 받을

것이다. 그러나 외국의 부실한 대학들이나 영리목적의 대학들이 국내에 진출해 학생 유치에 나설 경우는 득보다 실이 많을 것이다. 국내에서는 어학과 교양과정만 운영하고 전공과정은 자국으로 보내 국내분교가 한국 유학생을 유치하기 위한 파이프라인 기지로 활용될 수도 있다. 유령 외국 대학이 판치는 한국의 현실을 감안할 때, 계속 정부가 방어적인 자세를 견지하다가 갑자기 외압에 의해 피동적으로 대학이 개방되면, 부실한 외국대학들의 한국 진입으로 한국의 대학교육은 혼란에 빠질 것이고 국민은 엄청난 손해를 볼 것이다.

한국이 피동적으로 당하지 않으려면 정부, 기업, 대학이 능동적으로 선수를 쳐야 한다. 정부는 유명 외국대학들의 분교를 국내에 설립하는 투자자를 국내외로부터 유인할 수 있는 인프라를 먼저 구축해야 한다. 동시에 정부는 국내대학들이 외국대학들과 동등한 조건에서 경쟁할 수 있도록 학생선발권과 등록금책정권을 포함한 대학행정 자율권을 부여해야 한다. 대학은 교수진과 교육프로그램의 국제화와 특성화를 도모할 수 있는 생존전략을 짜야 한다. 기업도 한국의 미래기회 창출에 필요한 외국대학을 투자차원에서 주도적으로 유치해야 한다. 한국학생들만을 가르치는 분교가 아니라 외국학생들을 유치하여 그들과 함께 한국학생들이 배울 수 있는 전문대학원 수준의 분교를 유치하는 것이 국익에 도움이 될 것이다.

2001.12.28. 문화일보

국가경쟁력은 기업경쟁력에 의해 결정되며, 기업경쟁력은 기업 활동을 지원하는 정부의 경쟁력과, 정부와 기업에 인력을 공급하는 학교의 경쟁력, 특히 대학경쟁력에 의해 결정된다.

정부의 대학 정책 개선

대학 정책은 거시적으로 보면 고등교육 인력을 양성하는 중심기관으로서 대학의 기능을 정립하는 국가 인적자원 정책의 일환이고, 교육의 연속성 측면에서 보면 초·중등교육정책과의 유기적 연계를 중심으로 하는 정규 학교교육 시스템의 일부이며, 미시적으로는 대학 자체의 운영을 지원하기 위한 실천 계획이다. '대학 정책'이라는 단어의 사전적 의미를 탐색할 필요는 없지만 상기 전술한 바와 같이 대학 정책이 지니는 의미의 다중성으로 인해 혼동을 야기할 가능성이 있기 때문에 우선 논의의 초점을 명확히 규명할 필요가 있다. 따라서 대학 정책의 결정 주체로서 정부와 대학과의 관계를 중심으로 논의를 한정하고자 한다.

지식기반사회의 도래로 국가의 경쟁

전반적
대학체제부터
개혁하자

력이 인적자원의 질에 의하여 좌우된다는 인식이 보편화됨에 따라 교육의 중심축이 중등교육으로부터 고등교육으로 이전되고 있다. 이러한 추세를 반영하여 개인을 포함하여 국가의 경쟁력 확보에 있어 대학은 필수 요소임과 동시에 강력한 수단으로 간주되면서 정부의 대학 정책 개입 수위에 대한 의견이 다양해지고 있다.

정부의 대학 정책이라는 주제가 논의되고 있다는 것 자체가 정부가 대학 정책의 주요 결정 주체임을 의미하지만 과연 정부의 대학 정책에 관한 결정 권한 및 책임 소재의 범위는 어디까지인가? 우선 정부가 대학 정책에 개입하는 근거는 대학이 수행하고 있는 역할들이 외부 효과를 지니는 속성에서 찾을 수 있다. 대학의 주요 기능이라 할 수 있는 교육, 연구, 사회봉사 등의 영향력은 대학과 직접적으로 관련된 주체들을 넘어서서 확산되기 때문에 공공의 이익을 대변하고 보호해야 하는 정부가 대학 정책에 관여하는 것은 어쩌면 당연한 것이다. 실제로 20세기의 거의 모든 국가에서는 경제성장과 사회적 형평성의 목표를 달성하기 위하여 정부가 대학을 직접 통제하거나 대학 운영에 막강한 영향력을 행사하여 온 것이 사실이다.

중앙집권적 의사결정체제의 비효율성이 대학 정책에도 그대로 투영되어, 국가 전체로부터 추출된 공통 요구를 모든 대학에 강조하다 보니 대학이 지역사회의 특수성을 반영하거나 문제를 해결하는 능력을 상실하는 모순이 나타나고 있다. 그러나 최근의 지방대학 특성화사업과 교육인적자원부와 산업자원부가 공동으로 실시하고 있는 산학협력대학 육성정책은 바람직한 방향으로 진행되고 있다.

대학의 본원적 기능인 교육, 연구, 사회봉사의 중요성은 현 정부의 대학 정책에 그대로 반영되고 있다. '교육개혁과 지식문화강국 실현 – 전 국민의 인적자원 역량 강화'라는 교육인적자원 정책의 비전하에 이를 달성하기 위한 핵심 전략과제로서 '국가경쟁력 제고를 위한 고등교육 경쟁력 강화'가 제시되었다. 이를 추진하기 위한 선결 과제로서 대학의 자율 역량 강화를 지적하면서 정부는 대학에 대한 기본 정책은 대학자율권 보장이라고 천명하고 있다.

또한 한국은 여타 OECD 국가들에 비해 사립대학의 비율이 매우 높기 때문에 정부의 개입으로부터 대학이 자율성을 확보할 수 있는 토대는 마련되어 있다. 그러나 여전히 대학들은 정부에 대하여 자율성을 요구하고 있고, 대다수의 대학이 특성 없는 종합대학이며, 지역 산업의 수요도 충족시키지 못하고 있는 실정이다. 즉, 정부의 대학정책이 잘못되었다기보다는 정부의 대학 정책에 관한 결정 권한 및 책임 소재의 범위를 새롭게 규명해야 할 필요가 있다는 견지에서 다음과 같은 개선 과제를 제안하고자 한다.

첫째, 대학 정책을 결정하기 위한 공식적·비공식적 채널을 다양화해야 할 것이다. 대학 정책에 영향을 미치는 이해집단은 정당과 기업은 물론 대학 내부의 구성원들을 망라한다. 그 중에서도 특히 집권당의 정책이 반영될 수밖에 없으므로 정권의 변화와 대학 정책의 변화가 동시에 일어나고 있다. 그러므로 집권당은 정책형성과 정책결정을 위한 정보를 충실히 축적하고 정부와 정책정보를 공유할 필요가 있다.

둘째, 분권화정책으로 지방정부와 개별 고등교육기관으로의 가시적인 권한위임이 가속되어야 할 것이다. 즉, 중앙정부가 지방정부나 대학에 교육의 질 관리를 위한 통제자 역할뿐만 아니라 조정자이자 지원자로서의 역할을 수행할 필요가 있다. 또한 중앙정부, 지방정부, 대학 책임 소재를 분산시킬 필요가 있다. 중앙정부의 의사결정범위를 지방정부와 대학으로 분산시켜 중앙정부의 부담을 경감시키는 법제적 시스템을 구축해야 할 것이다.

셋째, 대학에 대한 통제 및 지원 방식이 변화되어야 한다. 즉, 대학의 책무성 강화를 보장하는 법적·제도적 장치를 완비한 후에 대학으로의 권한위임을 촉진함과 동시에 정부의 정책이 대학 정책에 반영되게 하기 위해서는 현재의 '관리에 의한 통제'로부터 벗어나 '실적에 의한 지원'으로 변화되어야 할 것이다. 이를 위해서는 대학의 실적을 정확하게 평가할 수 있는 평가 준거와 합리적인 측정 도구의 개발이 선행되어야 할 것이다.

대학 경영의 자율성 확보

대학의 공공성이 퇴색되고 있는 것은 아니지만 고등교육 수요의 급증, 요구의 다양화, 경쟁의 심화 등과 같은 환경의 변화는 대학 경영의 자율성 확보를 주요 과제로 대두시키고 있다. 이러한 경향은 국·공립 중심의 대학교육 체제를 갖추고 있는 대부분의 OECD 회원국들에서도 공통적으로 나타나는데 국가가 국·공립 중심의 대학교육 체제를 유지하면서도 대학 경영에 있어서는 각 대학에게 자율권을 부여하고 있는 추세이다.

한국에서 대학경영이 어느 정도의 자율성을 확보하고 있는지를 알아보기 위하여 OECD 회원국들과 비교한 결과를 살펴보고자 한다. OECD는 대학 경영의 자율성을 측정하는 지표로서 건물 및 설비 소유의 자율성, 자금차입의 자율성, 예산사용의 자율성, 교육과정편성의 자율성, 교직원 고용 및 해고의 자율성, 급여수준 결정의 자율성, 학생규모 결정의 자율성, 수업료 수준 결정의 자율성 등 8가지를 제시하고 있다.

국가별로 차이가 있지만 전반적인 경향을 보면 예산사용과 교직원의 고용 및 해고, 교육과정 편성 부문에서 대학들이 자율성을 많이 확보하고 있는 반면 자금의 차입이나 수업료 수준의 결정에서는 상대적으로 국가가 많이 통제하고 있음을 알 수 있다. 국가별로 보면 대학이 자율권을 많이 확보하고 있는 국가들 간에는 유럽 국가라는 점 이외에는 공통점이 발견

되지 않으나, 자율권에 대한 제한이 비교적 큰 국가들은 북유럽에 위치하면서 강력한 복지 시스템을 강조하는 노르딕 국가라는 공통점이 발견된다. 즉, 대학에 대한 사회적 책임이나 공공성을 강조하는 국가들에서는 그 만큼 대학 경영에 대한 국가의 개입도가 커짐을 알 수 있다. 한편 한국은 일본, 터키와 더불어 가장 자율성이 낮은 국가로 분류되고 있는데, 이들 국가들에서는 공통적으로 국·공립 대학을 정부의 한 부서로 간주하고 있기 때문에 정부가 대학의 자산을 보유하고 교직원을 고용하는 시스템을 갖추고 있다.

한편 한국과 비슷한 대학의 경영구조를 갖추고 있던 일본이 대학의 자율성을 확보해 나가는 과정은 주목할 만하다. 일본의 경우 '국립대학법인법'이 2004년도부터 시행되었다. 국립대학이 법인격으로 된다는 것은 대학이 건물 등 재산을 보유하고 직원을 자유롭게 채용할 수 있음을 의미한다. 즉, 국립대 직원은 국가 공무원이 아니기 때문에 급여, 고용조건, 근무시간 등에 대해서도 대학이 의사결정권을 갖게 된다. 또한 대학 내 이사회를 설치하여 학교 운영을 위한 제반 의사결정은 물론 총장도 대학의 내·외부 인사로 구성된 총장추천위원회의 추천을 받아 문부과학성 대신이 지명하는 형태로 변화된다. 이와 같이 국립대학 경영에 대한 자율권한을 대학으로 과감하게 이양할 것을 추진하고 있지만 역시 '국립'의 범주를 벗어나는 것이 아니기 때문에 학교 운영을 위한 재정 조달 및 최종적 책임은 국가에 있다.

국·공립 대학을 중심으로 고등교육 체제가 운영되고 있는 대부분의 유럽 국가는 물론 대학의 자율성이 매우 낮은 일본에서도 대학으로의 자율성 부여에 적극적인 자세를 취하는 이유는 매우 단순하다. 즉, 교육의 질적 성장, 다양하고 다변하는 교육 요구에 대한 적절한 대응, 대학 운영의 효율성 제고, 학생 유치 및 자금 조달의 유연성 확보 등이 대학이 생존하

167

기 위한 해결 과제이며, 이를 위하여 대학의 자율성 확보가 필요조건이기 때문이다. 한국 대학도 상기의 위협으로부터 자유롭지 않다는 점을 고려한다면 대학의 자율성확보에 보다 구체적인 혁신 방안을 구상해야 할 것이다.

대학내 의사결정구조의 변혁

대학 내 의사결정구조는 곧 대학의 지배구조(governance)를 의미하는데 사립대학과 국립대학의 지배구조가 상이(相異)하므로 논의의 초점을 국립대학의 지배구조에 맞추고자 한다. 한국에서 제기되고 있는 국립대학 지배구조의 대표적 문제로는 총·학장 직선제도로 인하여 발생하는 학내 구성원간의 대립구조와 교수보직제에 의한 책무성의 문제가 제기된다.

우선 총장직선 제도는 과거 대학의 자율성 및 민주성 보장의 상징적 의미가 있으나, 그 시행과정에서 ① 과열 선거운동에 따른 교육 연구 분위기 저해 및 잡음과 혼탁 ② 교수, 연구의 대학 문화보다는 총학장 선출에 대한 관심이 주도되고 선거 직후 차기 사전선거운동이 시작되어 실제 선거기간의 장기화 ③ 과다한 선거비용의 지출, 교수들의 연구시간 침해 ④ 선거 과정에서의 금품수수 및 향응제공 등 소모적 낭비 현상 발생 ⑤ 선거 결과에 따른 논공행상 등으로 인한 총장의 파행적 대학운영 및 책임행정체제의 구축 곤란 ⑥ 실현 불가능한 공약의 남발 및 학맥, 인맥, 지연에 따른 파벌 형성 등의 문제점이 지적되고 있다.

한편 대학에서 교수가 보직을 담당하게 되면 수반되는 책임의 양이 많아지므로 그에 상응하는 보상이 주어져야 하지만, 국립대학의 경우 보직수당 외에도 다양한 혜택이 부여되는 문제점이 있다. 따라서 보직 수행에 따라 경력이 개발되어 행정 전문가로 성장하는 것이 아니라 보직에 의한 혜택을 공유하기 위하여 '돌아가기'식으로 운영되고 있는 상황이다. 또한 주요 보직은 교수만이 담당하도록 정해져 있어서 직원의 승진에 한계를 설정함으로써 직원 불만족의 근원이 되기도 한다.

　세계적 추세를 보면 OECD는 최근 대학의 지배구조가 대학 특유의 협의에 바탕을 둔 전통적 모형에서 벗어나 대학 구성원의 대다수에게 개방된 대규모의 광범위한 대의 체제를 탈피하고 있다고 지적하고 있다. 이러한 변화는 대학 내 총장을 비롯한 집행기구의 권한 강화와 대학의 지배기구 또는 감독기구에 외부 인사의 참여를 늘리는 방향으로 나타나고 있다. 이러한 변화를 야기하는 가장 큰 동인(動因)으로서 국·공립 대학의 재정지원의 효과적 운영에 대한 책무성이 사회적으로 제기되고 있다는 점을 들 수 있다. 그러나 한편으로는 이러한 변화의 압력이 내학 내부 갈등을 확대시키는 원인으로 작용하고 있어 전통적인 대학 문화를 고수하려는 아카데미즘과 성과 중심의 '경영 우선주의' 사이의 조화가 변화 성공의 핵심으로 지적되고 있다. 한편 이러한 변화는 대학 총장의 리더십 및 역할에서의 변화도 촉진시켜 총장이 교수진을 대표하는 덕망 있는 인격자이거나 저명한 학자여야 한다는 인식으로부터 탈피하여 외부 사회와의 네트워크 형성 및 다양한 재원의 확보 능력을 갖추기를 요구하고 있다. 따라서 총장선출 방식이 직선제에서 '지명초빙제'로 전환하고 있다.

　세계의 대학들이 지배구조를 개편하는 방향을 요약해 보면 운영에 대한 대학 교수의 역할을 축소시키고, 총장을 중심으로 하는 집행기구를 강화하는 한편 외부 인사의 영입을 증가시킴으로써 사회와 대학 간의 유기적 연계를 도모하고 있다. 한편 이를 추진하는 주체로서 총장 선출방식도 직선제에서 지명초빙제로 전환되고 있다. 즉, 대학의 사회적 책무성과 자율성의 확보라는 두 가지 상반된 요구를 충족시키기 위하여 대학에 대한 자율성을 증가시킴과 동시에 대학 운영에 대한 외부 인사의 역할을 증대시킴으로써 대학의 책무성을 감시하는 방식을 채택하고 있는 것이다.

   총장과 학장, 그리고 교수 등 내부 이해 관계자들 간의 권력 갈등 관계에 머물러서는 이와 같이 대학의 혁신을 추구하고 있는 세계의 대학들과 경쟁할 수 없다. 대학의 진정한 고객이 누구인지부터 파악하는 것을 대학 지배구조 개편의 시작점으로 하여 내부의 이해관계 해소를 위해서가 아니라 고객의 만족을 최우선으로 하는 개혁이 시행되어야 할 것이다.

2005.01.01. 한국교육신문

이화여대가 교육부의 재정 지원을 받아 직장인을 위한 평생교육 단과대학을 설립하려다 백지화했다. 학생과 교직원들의 높은 반대 여론에 부닥친 탓이다. 이를 두고 '학생들의 대학 브랜드 이기주의'라는 비판과 '학교 측의 일방통행식 행정편의주의가 부른 결과'라는 시각이 맞선다. 지금은 100세 시대다. 인생 2모작이나 3모작을 위해 고등교육 개혁은 필요하다. 하지만 대학 구성원의 협력 없는 개혁과 변화가 불가능함을 이번 사건이 보여준다. 이런 사태의 재발을 막고 대학의 변화를 이끌어내려면 국가 차원에서 고등교육의 패러다임 변화를 조명할 필요가 있다.

평생교육 단과대학의 취지는 좋다. 산업시대를 넘어 정보시대가 되면서 일과 학습은 통합돼 가고 있다. 일하다가 학교로 배우러 갈 수 있고 학교에서 배우다가 직장으로 일하러 갈 수 있어야 한다. 더구나 대학을 졸업하고도 제대로 된 직장을 구하지 못해 고통받는 대졸 청년실업자가 늘고 있다. 고등학교를 졸업하고 일터로 진출하는 사람도 많아졌다. 그들이 직장생활을

평생교육 패러다임, 대학 주도로 바꾸자

하면서 공부를 할 수 있게끔 대학이 기회를 제공하는 것이 마땅하다. 방송통신대학이나 사이버대학에서 학위과정을 공부할 수 있는 길이 열려 있지만 교육환경이 질적으로 다른 일반대학에 가서 공부하고 싶은 직장인들에게 문호를 개방해 주는 것이 세계적인 추세다. 미국 하버드대의 익스텐션 스쿨(Harvard Extension School), 시카고대 그레이엄 스쿨(Graham School), 영국 옥스퍼드대의 해리스맨체스터(Harris Manchester)대학과 유사한 평생교육 성인 대학을 한국의 명문대학들이 앞장서서 만들지 못할 이유가 없다.

지금은 이른바 명문대학들이 각종 대학원의 최고경영자과정을 통해 부유하고 지위가 높은 성인 학습자들을 대상으로 한 평생교육에 열정을 쏟고 있다. 상대적으로 사회적 소외계층인 고졸 직장인의 '선취업 후진학'을 뒷받침할 수 있는 평생교육 단과대학을 자율적으로 추진한다면 사회 양극화 해소에 크게 기여할 수 있을 것이다.

이러면 고질적인 입시 병폐도 해결할 수 있다. 능력주의 사회가 되려면 대학을 향해 학생들을 한 줄로 세우는 모노레일(mono-rail) 시스템을 여러 길을 밟을 수 있는 멀티트랙(multi-track) 시스템으로 개편해야 한다. 중학교를 졸업하고 일터로 나갔던 사람이 다시 성인 고등학교를 갈 수 있고, 고등학교를 졸업하고 일터로 나갔던 사람이 성인 대학에 갈 수 있는 여러 가지 길을 만드는 것이 멀티트랙이다. 멀티트랙 시스템이 정립되면 적령기 학생들을 대학을 향해 한 줄로 세우지 않아도 된다. '선취업 후진학'을 위해선 낮에 다니는 대학만이 아니라 야간이나 주말 대학원 같은 프로그램도 있어야 한다.

고등학교를 졸업하고 대학으로 직행한 사람만이 대학에서 학문을 할 수 있고, 고등학교를 졸업하고 직장생활을 하다가 대학에 진학하는 사람은 학문이 아닌 직업교육을 받아야 한다는 발상은 시대착오적이다. 학문의 특성에 따라 일하면서 공부하는 것이 더 효율적인 분야도 있다. 예를 들어 회사에 다닌 적이 없는 학생들이 기업회계학을 배우는 것보다 회사에 다니는 직장인 학생들이 기업회계학에 더 흥미를 가지고 공부할 수도 있다는 점을 간과해서는 안 된다. 대학의 전공과정도 인문학적 소양이 필요한 분야 외에는 실용적인 역량 중심으로 바꿀 필요가 있다. 다만 전문대학과 일반대학에서 개설할 수 있는 전공에 대해서는 국가 차원에서 엄격하게 교통정리를 해야 한다.

하지만 정부 주도의 불통 정책은 곤란하다. 적어도 10년 앞을 내다보는, 대학 주도의 자율적 개혁이어야 평생교육을 정착시킬 수 있다. 정부와 대학이 소통과 화합의 과정을 생략하면 이해당사자로부터 개혁의 공감대를 얻어내기 어렵다. 대학 개혁을 추진하기 위해서는 시간도 필요하다. 미국 미시간 주립대는 1981년 주정부의 요청을 받아들여 학기제를 바꾸기로 했다. 1년 4학기 쿼터(quarter)제도를 2학기 시메스터(semester)제도로 바꾸기로 한 것이다. 하지만 이를 실행하는 데 10년의 유예기간을 뒀다. 대학을 당장 개혁하려면 구성원의 동의를 얻기 어렵지만 충분한 기간을 두고 차근차근 준비하면 동의를 받기 쉽다. 단기간에 대학 개혁을 하려다 실패한 이화여대 사례를 교훈 삼아 적어도 10년 앞을 내다보고 개혁을 준비할 필요가 있다.

이젠 관료가 주도하던 산업화 시대의 대학 개혁 패러다임을 바꾸어야 한다. 그러기 위해서는 정부는 각종 재정 지원 사업권으로 대학을 통제하려고 하지 말고, 대학 스스로가 집단지성을 통해 대학 개혁을 주도할 수 있도록 지원할 필요가 있다. 예를 들어 분리된 학교회계와 법인회계를 일원화해 개혁을 지원할 수 있다. 제4차 산업혁명 시대를 맞이해 대학이 주도적으로 자율적 개혁을 할 수 있도록 정부는 헌법 가치인 대학의 자율성을 보장해야 한다.

2016.08.11. 중앙일보

대학교육 제자리 찾으려면

최근 보도된 연세대 총장의 대학교육 자성론은 한국대학의 위기를 대변하고 있다. 일본 도쿄대는 외국의 명문대학들과 경쟁하기 위해 금년부터 국립의 틀을 벗었다. 중국 칭화대는 10년 국책과제로 세계의 일류대학들을 연구하고 있다. 외국의 대학들이 수월성 경쟁을 통해 인재를 양성하는데, 한국 대학은 정치판으로 오염되어 있고, 규제와 규격화에 묶여있다.

대학들이 기본으로 돌아가 학생들과 국가의 미래를 만드는 데 기여하려면 탈정치화, 탈규제화, 탈규격화가 선결요건이다.

대학은 탈정치화되어야 한다. 교수들이 총학장 선거로 정치판을 만들어서 캠퍼스가 선거판으로 변모했는데 무슨 교육이 제대로 되기를 기대하는가? 강의준비를 열심히 해야 할 시간에 선거운동을 열심히 하고 있으니 강의와 연구가 제대로 되겠는가?

더욱이 학생이 선거에 참여하는 대학의 경우, 교수가 학생들을 상대로 득표활동을 하고 있으니 교수의 학문적 권위가 유지되기 어렵다. 그런가 하면 대학을 대표하는 총장의 상징적 권위조차 무시하는 학생들이 연례행사처럼 총장실을 다반사로 점거하니 학사운영이 제대로 운영되기도 어렵다.

선거가 끝나고 나면 선출된 총학장 임기동안 선거판에 편이 갈린 교수들끼리 반목을 거듭하니 무슨 수로 대학이 발전할 수 있는가?

대학이 정치판을 걷어치우고 학문탐구의 장으로 바뀌어야 본연의 임무를 수행할 수 있다.

대학은 탈규제화 되어야 한다. 대학은 대학별로 고유한 설립목적을 달성할 수 있는 교육과정을 편성할 권리가 있고, 아울러 그 교육과정을 충실히 이수할 수 있는 학생을 선발할 권리를 가져야 한다. 급변하는 사회에서 전공을 신설하거나 폐지 혹은 변경하려면 일일이 정부승인을 득해야 하는 것은 규제이다. 규제가 철폐되면 공무원들의 업무도 줄어들고, 학교도 자율화되는 일석이조의 효과가 있다.

교육의 질과 서비스의 차별화에 따라 등록금도 차별화 될 수 있도록 대학행정의 자율이 보장되어야 한다. 비민주적인 과거의 역대 정권들에 의해 오랫동안 타율에 길들여진 대학경영자들이 아직도 자율권을 발휘하지 못한 채, 정부가 자율적으로 하라고 해도 눈치만 살피는 경우가 있다.

이런 현상이 지속되면 대학은 세계화의 급류에 휘말려 익사할 수 도 있으며, 이는 오로지 대학이 책임져야 할 일이다. 모든 것을 정부가 해결해주기를 기대하는 타율적인 대학이 이 땅에서 완전히 사라지지 않는 한, 대학의 선진화는 기대할 수 없다.

대학은 탈규격화 되어야 한다. 한국의 대학은 농업시대 시간표를 사용하여 산업시대 환경에서 디지털 시대 학생들을 교육하고 있다. 디지털시대에는 규격화된 백화점식 대학보다는 특성화된 전문점식 대학이 필요하다. 한 가지 잣대로 규격화하여 모든 대학을 평가하면 대학은 그 규격을

뛰어넘어 발전할 수 없다. 교수평가를 할 때에도 모든 대학들이 교수평가 기준을 규격화할 필요가 없는데도 대동소이하게 규격화되어 있다.

교육과정도 국공립이나 사립을 불문하고 특성화되어 있지 않다. 세금으로 운영되는 국공립대학이 아무런 특성 없이 사립대학에 비해 그저 등록금만 저렴해도 좋은가 하는 문제는 국가경쟁력 차원에서 반드시 짚고 넘어 가야 할 문제이다. 교육자산의 효율적 활용차원에서 특성화를 통한 국공립과 사립 대학간의 역할 분담을 위한 확실한 구조조정이 필요하다. 대학의 탈규격화는 정부가 특성화정책으로 유도하는 방법과, 학교정보의 공개를 통해 기업과 국민의 선택으로 구조조정 되는 방법이 있다.

한국의 대학들이 탈정치화, 탈규제화, 탈규격화가 달성되어야만 비로소 외국의 대학들과 수월성 경쟁을 할 수 있을 것이다.

2004.08.18. 문화일보

'누리사업' 이대로는 안 된다

국정감사 자료에 따르면 교육인적 자원부는 누리사업(지방대 혁신역량 강화 사업)의 전체 112개 사업단 가운데 운영이 방만한 7개를 탈락시키고 실적이 부진한 61개 사업단의 지원액을 삭감한 바 있어, 사업의 부실 논란과 함께 산업자원부나 과학기술부가 추진하는 사업과의 유사성·중복성 문제가 제기되고 있다.

지방의 경쟁력이 지역 인적자원의 질에 의해 좌우되므로 지방경쟁력 확보에 있어 지방 대학의 특성화는 필수 요소임과 동시에 강력한 수단으로 간주되기 때문에 정부의 지방대학 육성 정책은 매우 의욕적이다. 다만, 문제는 의욕을 뒷받침해주는 인프라가 너무 빈약한 데에 있다.

정부가 중간평가를 통해 부실사업단을 정리한 것은 당연한 일이지만, 당초 약속을 이행하지 않은 사업단에 대해 배상책임을 묻지 않는 것은 국민들이 납득하기 어려울 것이다. 대학의 교육·연구·사회공헌 품질을 총체적으로 평가하는 전문적인 기구 없이, 필요할 때마다 평가위원을 위촉하여 선정기준을

마련하고 사업단을 선정하며 중간평가를 하는 현재의 시스템으로는 또 다른 부실을 자초할 위험성이 있다.

담당 공무원들이 워낙 자주 바뀌는 것도 문제이지만, 대학평가에 관한 노하우를 축적할 수 있는 전문적인 평가 인프라가 없는 것은 더욱 더 큰 문제이다. 그러므로 대학정책에 관한 결정 권한과 책임 소재의 범위를 새롭게 규명할 필요가 있다.

우선, 정부 부처간에 대학정책의 유사성과 중복성을 예방할 기제가 있어야 한다. 그렇지 않으면 누리사업의 경우처럼 지역 균형발전이라는 한 가지 국정목표를 달성하기 위해 관련 부처가 경쟁적으로 정책을 개발하다 보니, 유사한 정책이 중복돼 부실의 단초를 제공하게 되는 구조적인 문제를 드러내게 된다. 정부 부처간 사업의 중복성을 걸러주고 조정할 권한을 교육부에 주든지, 아니면 관련 부처를 통합해야 정책의 유사성과 중복성을 방지할 수 있다. 예를 들면 교육부와 과기부를 교육과학부로 통합하는 방안도 하나의 대안이다.

나아가 정부는 각종 대학정책을 결정하기 위해서는 대학정책에 영향을 미치는 정당과 기업은 물론 대학 내부의 구성원들을 총망라한 이해집단과의 공식·비공식적 채널을 다양화해야 한다. "누리사업은 산업자원부의 산학협력중심대학 육성, 테크노파크, 기술혁신센터, 과학기술부의 우수연구센터 사업등과 중복돼 정부 차원의 구조조정이 필요하다"고 여당의원이 주장한 것을 보면, 정부 부처간 협의는 물론 당정협의도 제대로 이뤄지지 않고 있는 것 같다. 정부는 정책형성과 정책결정을 위한 정보를 충실히 축적하고 여당은 물론 야당과도 정책 정보를 공유할 필요가 있다.

다음으로, 대학정책도 분권화정책을 실행하여 중앙정부의 의사결정 범위를 지방정부와 대학으로 분산시켜 중앙정부의 부담을 경감시키는 작업이 필요하다. 그렇게 되면 중앙정부가 지방정부나 대학에 대해 통제자나 지시자가 아닌 조정자나 지원자로서의 역할을 할 수 있다. 특히 지방대 발전을 위한 지방정부의 역할을 증대시킬 수 있는 정책적 조정이 필요하다.

마지막으로, 대학정책은 계획중심이 아닌 성과중심에 의한 지원으로 바뀌어야 한다. 실현이 불투명한 계획을 액면 그대로 평가하여 사업단을 선정하는 방식에서 벗어나야 한다. 중간평가 결과로 부실한 사업단을 선정 취소하는 데 그쳐서는 안 되고, 취소된 사업단을 운영한 대학은 배상을 하도록 책무성을 강화해야 한다. 국민의 세금을 낭비한 사업단을 취소하는 것만으로 정부가 할 일을 다 한 것으로 만족해서는 안 된다.

대학의 책무성 강화를 보장하는 법적·제도적 장치를 마련해야 반복되는 정책 실패를 막을 수 있다. 그러기 위해서는 대학의 성과를 정확하게 평가할 수 있는 평가 준거와 합리적인 측정 도구를 개발하여 사용할 수 있는 전문적인 평가기구의 운영이 필요하다.

2005.09.30. 문화일보

대학자율은 이뤄질 수 없는 꿈인가

　오늘 실시된 2007학년도 대학입학 수학능력시험도 문제은행 식이 아니라 출제위원을 일정 기간 감금한 방식에 따른 출제였다. 수능의 난이도와 변별력이 문제가 되면 온 나라가 떠들썩한 곳이 한국이다. 현재의 감금 방식으로 출제를 하는 한 수능시험의 난이도와 변별력을 적정수준으로 유지하기는 현실적으로 한계가 있다.

　고등교육 선진국인 미국의 대학수학능력시험은 정부 기관이 아닌 2개의 민간기구(ETS와 ACT)가 문제은행 식으로 출제하기 때문에 별 문제가 없으며, 대학입시는 대학 자율에 맡기고 있다. 미국 주립대학의 경우는 형평성 차원에서 해당 주 출신을 일정 비율 이상 선발해야 하고, 수월성 차원에서 일정 성적 이상 학생을 선발하는 조건이 있다. 다른 주 출신이나 외국 출신의 학생들은 등록금을 더 내야 하는 것 외는 모든 것을 대학이 자율적으로 정하며, 사립대학은 완전 자율이다. 이웃나라 일본의 경우 정부의 재정 지원을 받는 법인화된 옛 국립대학은 정부가 주관하는 대학입시센터의 시험을 치르는 것이 필수이지만, 사립대학은 자율에 맡기고 있다. 본고사를 보든 안보든 자유이다.

한국 정부는 대학 본고사 준비 때문에 학부모들의 사교육비가 많이 들어갈 것이라는 이유를 들어 대학의 본고사 금지를 법령으로 정하여 대학의 학생선발권을 유보하고 있다. 그럼에도 불구하고 학부모들은 내신 준비, 수능 준비, 각종 경시대회 준비, 특기적성 준비, 논술 준비, 거기에다가 면접구술 준비 등 본고사 폐지로 인한 각양각색의 신종 사교육비를 추가적으로 부담하고 있다.

'교육 따로, 시험 따로'의 현행 방식도 사교육을 비대하게 만들고 있다. 고등학교에서는 개별교과로 수업하고 수능은 통합교과로 시험을 보니, 현행 제도는 학생들을 통합교과로 가르치는 학원이나 과외로 내몰고 있다. 일부 대학이 요구하는 논술과 구술시험 준비도 학교가 아니라 학원이나 과외에서 해결해야 하기 때문에 사교육비 부담을 가중시키는 요인이 된다. 이처럼 사교육비 부담 요인이 정부 통제에 의한 타율적인 입시제도에 기인하고 있음에도 불구하고 정부는 대학에 자율권을 부여하지 않고 있다.

정부가 대학 자율권을 보장하지 않으면서 동북아 중심국가가 되겠다는 것은 자가당착이자 자기모순이다. 정부는 국공립대학뿐만 아니라 사립대학에 대해서도 국고 지원을 이유로 통제를 하고 있다. 차라리 국고 지원이 필요 없는 자립형 사립대학들이 나와야 외국의 사립대학들과 당당하게 경쟁할 수 있을 것이다.

우선 사립대학이라도 자율권을 부여하여 세계적인 대학들과 경쟁할 수 있도록 여건을 조성해야 한다. 민주 국가에서 대학은 그 대학이 고유하게 가진 설립 이념을 구현할 수 있는 교육과정을 편성할 권리가 있고, 아울러 그 교육과정을 충실히 이수할 수 있는 학생을 선발할 권리를 가지는 것은

당연하다. 대학의 교육과정 편성권과 학생 선발권을 정부가 침해해서는 대학이 발전할 수 없음은 물론 민주주의의 기본 이념이 퇴색된다. 물론 자율권 부여에 따른 대학의 책무성은 투명하게 확보돼야 한다.

정부가 자율권을 보장하면 대학은 자율권을 적극적으로 행사해야 한다. 비민주적인 역대 정권에 의해 오랫동안 타율에 길든 대학들이 아직도 자율권을 발휘하지 못한 채 정부가 자율적으로 하라고 해도 눈치만 살핀다면 한국은 교육 후진국 신세를 면치 못할 것이며, 이는 오로지 대학이 책임져야 할 일이다. 자기 대학에서 교육시킬 학생을 자기 대학 역량으로 선발하지 못하는 대학에 무엇을 믿고 2세 교육을 맡길 수 있는가. 모든 것을 정부가 해결해주길 기대하는 타율적인 대학이 이 땅에서 완전히 사라지지 않는 한 대학의 발전은 물론 나라의 교육 선진화는 기대할 수 없다.

한국이 대학교육 선진국의 반열에 오르기 위해서는 정부는 물론 대학이 창조적으로 변해야 한다.

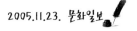

2005.11.23. 문화일보

大學자율 확대해야 경쟁력 강해진다

가을학기가 개강된 뒤 강의실에 들어가니 일본과 중국 등지에서 온 아시아 학생들뿐만 아니라, 핀란드·독일·오스트리아·에스토니아 등지에서 온 유럽 학생들이 한국 학생들과 더불어 앉아 있다. 하나의 주제를 놓고 여러 나라 학생들이 토론을 하니 수업 분위기가 다인종·다문화 교실인 외국 대학에 비해 손색이 없다. 정부와 대학의 국제화 노력 덕분이다.

대학이 국제화하긴 했지만 아직도 갈 길이 멀다. 국제화가 제대로 이뤄지려면 자율화(自律化)가 우선적으로 이뤄져야 한다. 정부는 지난 27일 국제교류 제도 개선과 유학생 유치 지원을 통해 국제 경쟁력을 제고하고, 세제(稅制) 지원을 통한 간접적 재정지원 확대로 등록금 부담 완화를 추진할 수 있는 방안 등 32건에 대한 대학 자율화 방안을 발표했다. 그동안 그물망을 걷어내는 대학 자율화 정책은 교육 주무 부처가 추진해 왔지만, 이번에 발표된 대학 자율화 추진 계획은 범정부적이다. 국무총리실이 정책 조정 리더십을 발휘해 교육과학기술부뿐만 아니라,

기획재정부·국토해양부·법무부가 공동으로 나선 것이 이례적이다.

기획재정부는 사립대학의 기숙사 민자(民資)사업 시설 등에 부과하던 매입 부가가치세를 없애기로 했다. 국립대학은 사립대학과 달리 민자사업 시설에 영세율(零稅率)이 적용돼 세금을 내지 않기 때문에 대학의 재정 부담이 경감되고 사용자들의 이용료도 저렴하다. 앞으로 사립대학도 국립대학과의 차별 폐지로 얻을 재정수익을 학생들의 비용 부담 인하로 연결시키는 효과를 기대할 수 있다.

국토해양부는 수십년 간 공원 부지로 지정돼 있는 대학 캠퍼스 내 부지에 대해 지자체가 공원총량제 등을 이유로 공원 부지를 해제하지 않고, 기숙사와 같은 대학 시설 건축을 불허하는 불필요한 규제를 풀기로 했다. 또한 대학기숙사를 교통영향 분석평가 대상 건축 연면적에서 제외키로 했다. 대학 내 공원 부지에 기숙사를 신축할 수 있도록 길을 열어 놓은 것은 학생복지 증대에 기여할 것이다.

또 법무부가 캠퍼스의 국제화를 법적으로 지원하는 것은 국제교류와 유학생 유치에 도움이 될 것이다. 우수 유학생 유치를 위해 외국인 전액 장학생은 그동안 요구하던 재정능력 입증 서류 대신에 대학의 장학금 지급 보증 서류로 대체하기로 했다. 수십년 전 한국 학생들이 유학 갔던 외국에서 실시한 자율화를 우리는 이제야 실시하는 것이다. 이 조치는 고용 없는 성장시대를 맞아 교육을 국가 전략산업의 하나로 채택한 호주처럼 유학생 유치로 일자리와 국부를 동시에 창출하는 동력이 될 수 있다.

교과부는 재정지원사업 운용 방식을 개선해 학교별로 필요한 예산을 자율적으로 운용할 수 있도록 자율권을 부여했다. 대학이 경영 환경 변화에 신축적으로 대응할 수 있도록 교육용 기본 재산의 수익용 전환을 허용하고, 사립대학 총장의 임기 제한을 폐지해 대학 경영의 무한책임을 대학으로 돌려준 것이다. 대학이 재정 건전성을 도모할 수 있는 길을 열어 학생들의 등록금 부담을 완화할 수 있는 길을 열어 놓은 셈이다. 그만큼 대학의 책무성이 더욱 더 요구되는 조치다.

대학의 자율성을 압박하는 타율(他律)의 그물망은 과감히 벗겨야 한다. 자율이 있는 곳에 창의력이 꽃 필 수 있기 때문이다. 미국 대학들의 세계 최고 창의력은 자율로부터 나온다. 미국 대학과 경쟁하려는 중국은 국가 중점대학을 선정해 집중적으로 지원하고 자율권을 부여한다. 적어도 우리나라의 경제특구 안에 있는 외국 대학이 누리는 자율권만큼 한국의 대학도 자율권을 더 확보해야 한다. 대학의 자율권은 대학의 창의력과 직결되고, 대학의 창의력은 국가의 경쟁력과 직결돼 있다.

2012.08.29. 문화일보

대학 자율화 정책과 차기정부의 과제

대학 자율화 정책은 적어도 세 가지 차원에서 필요하다. 첫째, 대학에 책무성을 물으려면 자율권을 주는 것이 당연하다. 둘째, 교육의 공공성 차원에서 규제해야 할 것은 규제하되, 국제 경쟁력 제고 차원에서 역량을 강화할 수 있도록 풀어야 할 규제는 푸는 것이 긴요하다. 셋째, 대학이 특성화되려면 타율적인 상황에서 어렵다. 대학 특성화를 유도하려면 자율권 회복이 필수적이다.

MB정부 출범 후 18대 국회 종료시점까지 1~3단계 대학자율화 정책 총 80건 중 18대 국회 회기 만료로 폐기된 8건 등을 제외하고 66건이 완료 되었다. 학교법인의 정관변경을 인가제에서 보고제로 변경하였고, 원격화상회의도 이사회 회의로 인정하여 시대상황을 반영하였다. 분교를 운영하는 사립대학이 자율적으로 본교와 분교를 통합할 수 있는 제도적 기반을 마련하였고, 해외분교 설치기준을 완화하였다. 대학의 자율적인 의사에 따라 외국대학과의 협약을 통해 교육과정 공동운영이 가능해졌고, 국내대학간 교육과정 공동운영의 근거를 신설하여 교육과 연구의 협력촉진기반을 닦았다.

전임강사 제도를 폐지하여 교원을 '교수·부교수·조교수'의 3단계로 단순화하였고, 교원의 임무를 원칙적으로 교육·지도와 학문연구로 하되, 산학협력만을 전담하게 할 수 있도록 하여 학생들의 취업과 창업을 돕는 효과가 기대된다. 대학연구소를 교지 밖의 산업단지와 연구단지 등에 설치할 수 있도록 하고, 대학 내에 민간기업을 유치할 수 있도록 하여 학생들의 현장실습과 산학협력이 강화될 수 있다.

연구개발비 비목구조를 15개 항목에서 6개 항목으로 단순화하고, 직접비는 유사세목을 통합하여 7세목을 3세목으로 간소화하였다. 대학의 산학협력 기술지주회사의 일부 영리 행위를 허용 하였고, 기술지주회사 설립 요건을 기술 출자비율 최소 50% 이상에서 30% 이상으로 완화했다.

학생정원의 증원, 학과의 증설 및 정원 내에서 자체 조정 할 경우, 교육 여건 기준이 되는 학생 수를 종전에는 편제정원과 등록학생 수를 혼용하였으나, 이를 편제정원으로 일원화하여 대학의 부담을 덜었다. 총 입학정원 범위 내에서 학생정원을 자체 조정하려면 교원, 교사, 교지 및 수익용 기본재산 확보율을 전년도 이상으로 유지토록 하였던 조건을 교원확보율만 유지하는 것으로 간소화하였다.

MB정부의 대학자율화 4단계 정책은 19대 국회 출범 후인 2012년 8월에 32건이 발표되었다. 공원 부지로 지정돼 있다는 이유로 대학 캠퍼스 내 기숙사 건축을 불허하던 규제를 풀고, 대학기숙사를 교통영향 분석평가 대상 건축 연면적에서 제외시켜 기숙사 설립이 용이해졌다. 사립대학의 민자(民資)사업 시설 등에 부과하던 매입 부가가치세를 없애기로 하여, 사립대학이 국립대학과의 차별 폐지로 얻을 재정수익을 학생들의 비용 부담 인하로 연결시키는 효과를 기대할 수 있다.

재정지원사업 운용 방식을 개선해 학교별로 필요한 예산을 자율적으로 운용할 수 있도록 했다. 교육용 기본 재산의 수익용 전환을 허용하고, 사립대학 총장의 임기 제한을 폐지해 대학이 경영의 무한책임을 지게 되었다.

대학 자율화의 궁극적인 목표인 국제경쟁력 제고와 대학 특성화 유도를 위해 아직도 그 과제를 제대로 발굴하지 못하거나 추진하지 못한 부분이 있다. 정부가 아닌 관련기관과 단체, 즉 한국연구재단과 대학교육협의회 등의 운영지침에 의한 규제를 혁파할 필요가 있다. 교원양성기관 평가 지침도 예외가 아니다.

차기정부는 정부뿐만 아니라 정부의 위탁업무를 수행하는 산하기관들과 단체들이 업무를 집행하는 과정에서 대학의 발목을 잡는 규제에 대해 심층적인 분석과 종합적인 개혁방안을 도출해야 할 것이다.

2012.10.07. 고대신문

세상에는 네 가지 종류의 대학이 있다. 사회에 영향을 주고 다른 대학의 변화를 유도하는 변화창조형 대학, 다른 대학이 변화하면 그대로 따라 가려는 변화적응형 대학, 이해관계자들이 변화를 요구해도 버티는 변화저항형 대학, 다른 대학이 변화하고 있는데도 바라만 보고 있다가 도태하는 변화무관형 대학 등 네 가지이다. 어떤 유형의 대학으로 자리매김 되는 것은 대학의 경영진과 구성원이 미래기회를 창출하려는 비전을 구현하려고 합심하여 노력하느냐의 여부에 의해 결정되어진다.

최근 변화를 창조하려는 움직임이 국내 대학들 사이에서 일고 있다. 사립대인 연세대가 대학발전을 위한 재정확보 차원에서 기여입학제를 적극적으로 추진하고 있고, 국립대인 서울대는 교육기회의 평등성 차원에서 지역할당제를 추진 중이다.

교육자산의 효율적 활용차원에서 국·사립대학간의 역할 분담을 위한 확실한 구조조정이 필요한 시기에, 서울대 총장이 신입생 지역할당제도를 제

고려대를 자립형 사립대로

안하였다. 국민의 세금으로 운영되는 국공립대학들이 교육기회의 평등성을 구현하는 데 공헌하여야 한다는 타당성을 앞세운다면, 논리적으로 서울대뿐만 아니라 전국의 모든 국공립대학들이 지역할당제로 신입생을 선발하는 것은 정당성을 확보할 수 있다. 미국에서는 사립대학인 하버드대가 지역할당제를 제일 먼저 시작하여 성공했으니, 한국에서 국립대학뿐만 아니라 사립대학들이 지역할당제를 한다고 해서 비난받을 일은 아니다.

작금 한국에서 논의되고 있는 기여입학제는 사회에 기여한 사람을 우대하겠다는 의도에서 출발한 것이 아니라, 대학의 재정 확보를 하겠다는 의도에서 출발한 것이 문제이다. 만약 사회에 기여한 사람의 자손을 입학에서 우대하는 것으로 출발하였다면 국민정서는 이를 문제 삼지 않았을 것이고 도덕적 정당성을 확보할 수 있었을 것이다. 기여의 내용이 대학발전은 물론 사회정의 구현과 사회의 공공발전에 공헌한 것이라면 기여입학제의 역기능보다는 순기능이 더 많아질 수 있고, 순기능이 절대적으로 우세하다면 이를 반대할 명분을 잃게 될 수도 있다.

정부가 국공립대학은 물론 사립대학에 대한 국고지원을 이유로 사립대학을 행정과 재정적으로 통제하고 있다. 교육학원론에서는 "정부는 대학을 통제하지 말고 지원만 해야 한다"고 기술되어 있지만, 우이독경(牛耳讀經)일 따름이다. 재정적 지원을 하면 행정적 통제는 따라 다니기 마련이다. 이쯤에서 국고지원이 필요 없다고 선언하는 자립형 사립대학이 나올 만하다. 그래야 한국의 사립대학이 한국인들이 선망하는 하버드나 옥스퍼드 등 외국의 유명한 사립대학들과 수월성 경쟁을 할 수 있을 것이다.

민주국가에서 사립대학은 그 대학이 고유하게 가진 설립이념을 구현할 수 있는 교육과정을 편성할 권리가 있고, 아울러 그 교육과정을 충실히 이수할 수 있는 학생을 선발할 권리를 가진다. 사립대학의 교육과정 편성권과 학생 선발권을 정부가 침해해서는 대학이 발전할 수 없음은 물론 민주주의의 기본이념이 퇴색된다. 정부가 자율권을 보장하면 대학은 자율권을 적극적으로 행사해야 한다. 현재의 한국적 상황에서 사립대학이 자율권을 획득하기 위한 첩경은 자립형으로 거듭나는 것이다.

자립형 사립대학은 교육의 질과 서비스의 차별화에 따라 등록금도 차별화 될 수 있도록 대학교육행정의 자율이 보장되어야 한다. 비민주적인 과거의 역대 정권들에 의해 오랫동안 타율에 길들여진 대학 행정책임자들이 아직도 자율권을 발휘하지 못한 채, 정부가 자율적으로 하라고 해도 눈치만 살피는 경우가 있다. 이런 현상이 지속되면 한국의 대학교육은 교육후진국 신세를 면치 못할 것이며 이는 오로지 대학이 책임져야 할 일이다. 모든 것을 정부가 해결해주기를 기대하는 타율적인 대학이 이 땅에서 완전히 사라지지 않는 한, 대학의 발전은 물론 이 나라 교육의 선진화는 기대할 수 없다. 한국이 교육선진국의 반열에 오르기 위해서는 정부는 물론 대학이 창조적으로 변화하여야 한다.

고려대가 변화창조형 대학으로 우뚝 서기 위해서는 자립형 사립대학 제도실시를 주도할 필요가 있다. 지역할당제와 기여입학제는 자립형 사립대학 경영의 틀 안에 녹아들어 갈 수 있는 제도이다. 자립형 사립대학은 대학경영의 패러다임을 바꾸는 것이다. 자립형 사립대학으로 대학경영의 패러다임을 바꾸어야, 고려대학은 변화를 창조하는 세계적인 명문대학으로 도약하여 세계 인류의 삶의 질 향상과 사회발전에 공헌할 수 있을 것이다.

2002.11.18. 고대신문

191

[부록]

대학의 이념과 비전

권대봉 교수가 사회를 본 "대학의 이념과 비전에 관한 고려대학교 공개토론회" 내용이 대학정책에 중요한 시사점을 주기 때문에, 고대신문사의 승인을 득하여 부록으로 게재함.　　　　　　출처: 고대신문, 2008.02.08.

제1회 Korea University Open Debate
-대학의 이념과 비전-

사회자 안녕하십니까? 교무처장 박노형입니다. 지금부터 Korea University Open Debate를 시작하겠습니다. 우선 오늘 이 자리에 참석해 주신 모든 분들께 감사를 드립니다. 특히 수시합격으로 저희 고려대학교 예비학생이 되신 고등학생들과 그 학부형들께서 와 주셨고, 바쁘신 데도 불구하고 패널리스트로 총장님들과 두 분 선생님들, 그리고 사회자께서 참석하셨는데 큰 감사를 드립니다. 또 저희가 조선일보사와 SBS의 후원을 받았습니다. 이 두 기관에 감사드리고, 또 저희 기획위원회 위원님들께도 감사드리겠습니다. 순서를 간단히 설명해 드리면 제가 개회한 다음에 저희 기획위원회 위원장이신 김문조 교수님께서 배경 설명을 해 주시고, 바로 저희 권대봉 교수님께서 사회를 보시면서 토론에 들어가도록 하겠습니다. 저희가 생각하고 있는 예상 시간은 5시 반까지입니다. 그러니 Floor에 계신 분들에게도 단상에 계신 선생님들과 토론하실 기회가 충분히 있을 것입니다. 그러면 제가 김문조 교수님을 소개해 드리겠습니다.

김문조 교수 안녕하십니까? 방금 소개받은 문과대학 사회학과의 김문조라고 합니다. 제가 아까 교무처장님께서 말씀하신 대로 이번에 새로 개설된 Korea University Open Debate의 배경에 대해 간단히 설명해 드리고자 합니다. 이번 학기부터 본격적으로 흔히 통섭이라도 하는, 학문 소통에 대한 기획으로 교무처를 중심으로 해서 저희 대학에서 학과별로 또는 단과대학별로 지적 소통이 이루어지는 것으로 알고 있습니다. 사실 재작년부터 전임 총장님께서 고려대학교 담을 허물어, 일부는 완전히 주변 지역 사회와의 담이 없어져서 아침저녁으로 지역 주민 분들이 오셔서 산책도 하시고 배드민턴도 치시는 등, 저희 학교와 지역 사회와의 화합이 매우 잘 이루어지고 있는 것으로 알고 있습니다. 그런데 이런 물리적 벽은 허물기가 쉬운 반면 정신적·지적 장벽은 하루아침에 허물어지는 것이 아닌 것 같습니다. 그런데 마침 저희가 이번 소통 작업 중 가장 규모가 큰 과업으로서 한 학기에 한 번씩 대학과 한국사회와의 소통, 또 더 나아가서 글로벌 사회와의 소통을 기획하고 있고 이것이 그 첫 회입니다. 그래서 여기에 여러 기획위원 분들께서 자리해 주셨는데, 그 분들을 간단히 소개해 드리면 법과대학의 윤남근 교수님, 정경대학의 임혁백 교수님, 이과대학의 김인묵 교수님, 공과대학의 서윤호 교수님, 다음으로 기획예산처장이신 박성훈 교수님, 교무처장 박노형 교수님, 문과대학 교수이시면서 고대신문사 주간 선생님으로 계신 김진원 교수님, 그리고 특별히 외국으로 출장을 가셨다가 오늘 어렵게 참석해 후원해 주신 심광숙 부총장님, 그 다음에 이 모든 일을 막후에서 도와주신 교무지원부의 백완종 과장님을

특별히 소개해 드리겠습니다. 그리고 이 자리에는 비록 못 나오셨지만 함께 기획위원으로 수고해 주신 경영대학의 유관희 교수님이 계십니다.

흔히 대학을 지식의 전당이라고 하지 않습니까? 실제로 대학에서는 지식을 탐구하는 것을 위시하여 진리의 길에 이르기 위한 여러 가지 노력이 이루어지고 있습니다. 그런데 이런 것들 사이에 한 가지 공통점이 있다면 사회적으로 잘못된 생각이나 통념을 바로잡는 것, 흔히 많이 쓰는 말로 '각성시킨다'는 것을 들 수 있을 텐데, 이것이 대학이 가지고 있는 가장 큰 사회적 사명이 아닌가 생각합니다. 그런데 지금 대개 대학이 여러 상황 속에서 안주하고 있었다는 비판이 제기되고 있습니다. 즉 Francis Bacon 식으로 설명하자면, 상아탑 속에서의 동굴의 우상, 또한 최근에 대학의 경쟁력 지표라든가 대학의 평가 지표 같은 데 나타나는 줄 세우기식의 여러 가지 시장의 우상, 이런 양대 우상 사이에서 최근에 대학에 대한 기대나 비판이 고조되고 있습니다. 저희가 이번 첫 주제로 '대학 문제'를 선정한 것은 바로 이런 이유에서입니다. 사실 주제를 정하는 데 저희가 시간을 상당히 많이 할애하였습니다. 그런 다음 한국을 대표하는 석학, 유수 대학의 책임을 맡고 계시는 총장님들을 모시기 위해 다소 갑작스럽게 연락을 드렸습니다만, 대학 문제인 만큼 모두 기꺼이 응해 주셨습니다. 그래서 오늘 이 자리가 있게 된 것입니다. 이 점에 대해 깊이 감사드리면서 오늘 토론의 사회를 맡게 된 권대봉 교육학과 교수님께 오늘의 2시간 행사를 부탁드리겠습니다.

권대봉(고려대 교육학과 교수) 안녕하십니까? 고려대학교 사범대학 교육학과의 권대봉 교수입니다. 오늘 제1회 Korea University Open Debate, 학문과 사회 대토론회를 시작하겠습니다. 이 토론회는 고려대학교가 주최하고 조선일보사와 SBS 서울방송이 후원하는 행사입니다. 먼저 토론에 앞서 오늘 토론에 참가해 주신 패널리스트 분들을 소개해 드리겠습니다. 맨 우측에 계신 고려대학교 명예교수이신 김우창 교수님께서는 서울대학교 교수와 뉴욕주립대학 교수를 오래 전에 역임하셨으며, 우리 고려대학교 영어영문학과를 퇴임하시기 전에는 대학원장을 맡아서 수고해 주셨습니다. 김우창 명예교수님 소개해 드립니다.

다음으로는 서강대학교 손병두 총장님을 소개해 드리겠습니다. 손병두 총장님께서는 언론사에서도 일을 하셨고 경제계에서도 큰일을 하셨습니다. 최근 서강대학교로 부임하시기 전에는 전국경제인연합회 상근 부회장을 역임하셨습니다. 서강대학교 손병두 총장님을 소개해 드리겠습니다.

다음으로는 이화여자대학교 이배용 총장님을 소개해 드리겠습니다. 이화여자대학교는 전 세계에서 가장 크고, 가장 좋은 여자 대학교입니다. 이 대학의 총장이신 이배용 총장님께서는 현재 국사편찬위원회 위원과 국가인적자원위원회 위원으로 계십니다. 이배용 총장님 소개해 드립니다.

다음으로는 고려대학교 한승주 총장님을 소개해 드리겠습니다. 총장님께서는 뉴욕시립대학교 교수를 역임하시고, 외무부장관과 주미대사를 역임하셨습니다. 그리고 고려대학교 정치외교학과 명예교수로 계시면서 현재 총장직을 수행하고 계십니다. 한승주 총장님을 소개합니다.

다음으로는 현재천 고려대학교 화공생명공학과 교수님을 소개해 드리겠습니다. 교수님께서는 미국과 한국의 회사에서 연구원과 CEO로 근무하신 경험이 있으시고, 고려대학교 대학원장을 역임하셨으며, 현재 스탠포드 대학교 화학공학과 자문교수로도 활동하고 계십니다. 현재천 교수님을 소개해 드립니다.

오늘날 대학은 정보화, 국제화, 첨단화, 고령화로 인한 도전을 받고 있습니다. 정보화로 인해서 유비쿼터스 시대를 맞고 있고, 국제화를 통해서 글로벌 시대를 맞고 있습니다. 또한 첨단화와 고령화로 인해서 평생 학습

시대를 맞이하고 있습니다. 이러한 국면에서 세계의 모든 대학들은 보편적인 변화에 대응해야 될 뿐만 아니라 새로운 변화를 선도해야 할 책무를 가지고 있습니다. 한편 국내적으로는 의학전문대학원, 법학전문대학원 등의 출범으로 인하여 대학이 변하지 않을 수 없는 상황에 놓여 있습니다. 그래서 오늘 총장님들과 두 분 교수님들을 모시고 우리 대학의 이념과 비전에 대해서 토론을 하도록 하겠습니다. 우선 첫 번째 주제로 대학의 역사와 본질에 대한 토론을 시작하겠습니다. 대학의 역사와 본질은 역사학자이신 이배용 총장님께서 말문을 여시는 것으로 시작하겠습니다. 총장님 부탁드리겠습니다.

이배용(이화여대 총장) 방금 소개받은 이화여자대학교 총장 이배용입니다. 실제로 오늘 주최하는 포럼에 참석을 부탁받은 것은 며칠 안 되었습니다. 그래서 내용을 잘 모르는 가운데에서 제가 긍정적으로 참석을 수락한 까닭은 주제가 매우 좋고, 지금 대학에서 짚어야 할 논점을 다룬다는 생각에서였습니다. 고려대학교에서 이런 포럼을 여시는 데 대해 진심으로 축하를 드리고 이는 매우 뜻깊은 일이라고 생각을 합니다.

발표 형식도 잘 모르는 가운데 제가 모두 발언을 부탁받은 주제는 '대학의 역사와 본질'인데, 그냥 제가 알고 있는 짧은 소견에서 대학의 역사와 또 아무리 시대가 변해도 변하지 말아야 할 대학의 가치·본질은 무엇일까 하는 것을 잠시 생각해 보았습니다.

오늘날 대학은 중대한 전환기를 맞고 있습니다. 이러한 대전환의 상황에서 대학의 기능과 목표는 무엇인가 하는 원론적 질문들이 다시 대학 사회에 제기되고 있습니다. 이를테면 대학의 목표는 보편적 진리의 탐구에 있는가, 아니면 실용적 가치의 추구에 있는가, 또 한편으로는 대학은 완전한 교양인을 양성하는 곳인가, 아니면 직업 전문인을 양성하는 곳인가, 또 대학의 중요 기능은 연구인가 교육인가, 이러한 여러 가지 논점들에 대해 지금 서로 다른 의견들이 끊임없이 제기되고 있습니다. 그런데 이러한 질문들에 대한 해답을 구하기 위해서는 대학의 기원을 한 번 살펴보는 것이 과거 역사의 발자취를 통해서 미래를 비춰 본다는 의미에서 유익하고, 이를 통해 하나의 해결 방안과 예지력을 갖출 수 있지 않을까 생각을 합니다. 물론 한국 전통 사회에서도 나름의 대학이 있었지만 요즘 대학들의 형태는 실제로 서양의 대학, 미국의 대학을 기본 모델로 삼고 있습니다. 이런 면에서 우선 서양 대학의 역사를 살펴보면, 12세기 말쯤에 대학의 역사가 시작됩니다. 그러나 당시에 있었던 대학은 실제로 우리가 지금 생각하는 'University' 개념은 아니었습니다. 당시 대학은 하나의 길드로서 교수 조합과 학생 조합이 합쳐진 교육 길드에 해당이 되었습니다. 그러면 이 시기에 왜 이러한 대학이 필요하게 되었는가를 살펴보면 가장 기본적인 배경은 경제적인 발전에 있습니다. 도시와 상업의 발달은 인간의 끊임없는 지식의 탐구와 같은 욕구를 자극하게 됩니다. 즉 경제력이 향상됨으로써 사람들은 교육과 학문에 대한 필요성을 더욱더 절감하게 되었고, 한편으로는 인적 자원에 대한 사회적 수요도 늘어나 대학들의 전문인 양성이 필요하게 됩니다. 이러한 중세시기에 대학의 가장 기본적인 기능은 끊임없는 진리의 탐구였습니다. 이는 동서고금을 막론하고 대학의 가장 본질적인 기능이 아닌가 생각합니다. 이러한 진리 탐구 기능에 기초하여 이 시기의 대학에서는 보편성과 자율성, 그리고 진리에 대한 탐구, 이러한 것들이 주류를 이루고 있었습니다. 당시의 보편성에 대해 말씀드리자면 지금은 세계화, 국제화 등이 보편성을 갖지만, 당시의 보편성은 기독교였습니다. 근대로 가면 종교 개혁 때문에 분산이 되면서 국가주의가 되지만 그 시기에 유럽은 일맥상통하는 보편적 가치를 가지고 있었습니다. 또한 자율성과 진리의 탐구에서는 파리대학을 중심으로 끊임없이 종교단체 등

의 구속에 얽매이지 않기 위해서 진리의 자유를 상당히 추구하게 되는데, 이와 관련된 대표적인 인물로 중세의 파리대학 교수였던 피에르 아벨라르라는 분이 있습니다. 그 분이 그야말로 연구라는 것, 진리 탐구라는 것에 하나의 기둥을 세웠다고 볼 수 있습니다. 하나의 사례를 들면 당시에는 신에 대한 진리는 절대적인 진리였지 상대적인 진리가 아니었는데, 그 분은 "인간과 신의 상호적인 진리의 교육 방법은 고전을 외우는 것과 같은 습득식의 강의가 아니라, 토론의 방식이다.", "상대적인 진리를 택하자."와 같은 주장을 하셔서, 정부에서는 이를 막기 위해 아벨라르가 파리의 땅에서 강의하는 것을 금지하였습니다. 이렇게 규제를 하니 그는 "나무 위에 올라가서 하면 땅은 안 밟은 것이다."라며 나무 위에 올라가서 강의를 합니다. 그러자 정부는 땅과 나무에서도 아벨라르는 강의를 못한다고 명령을 내리고, 그는 세느강에서 배를 타고 강의를 하기에 이릅니다. 강 언덕에 파리의 학생들뿐만 아니라 유럽 각지에서 그의 교육을 받고 싶어 하는 사람들이 구름 떼같이 몰려들었습니다. 이러한 그의 이야기는 학문의 자유, 진리를 지켜 내고자 하였던 하나의 사례입니다. 대체로 이러한 1단계 시기의 대학에서는 보편성, 자율성, 진리 탐구의 이념, 그러한 순수한 진리 탐구가 강조되었습니다. 그러다가 2단계인 16세기에서 19세기 전반까지 르네상스라든가 산업혁명과 과학혁명 등을 거치면서 오히려 대학은 침체기로 빠지게 됩니다. 그 이유는 일련의 변화들과 같은 모든 효율적인 내용들이 대학 내에서 이루어진 것이 아니라 대학 밖에서 이루어졌고, 대학이 절대 군주의 왕정 체제에서 국가의 구속을 받게 되었기 때문입니다. 자율이 있다 하더라도 그것이 구속을 받게 되면 학문의 자유는 축소되게 됩니다. 그러면서 산업혁명과 같은 조짐 속에서 대학 교육은 실용주의, 공리주의 위주로 가면서 이 시기에 대학의 연구력은 대폭 떨어지게 되고, 오로지 그야말로 교양인을 만드는 교육으로만 진행이 되게 됩니다. 실제로 제가 끊임없이 주장하고 싶은 것은 교육도 중요하고, 사회봉사도 중요하지만 연구가 없으면 대학의 생산력, 대학의 지적 순환은 떨어지게 되어 있다는 것입니다. 그렇기 때문에 2단계인 16세기에서 19세기 초까지를 대학의 침체기라고 할 수 있습니다. 이후 3단계로 가면 이전까지 대학이 지나치리만큼 실용주의적·공리주의적으로 빠진 것에 대한 반성을 통해 결국 다시 연구에 초점을 맞추어 창의성을 주제로 하는 연구가 부각이 됩니다. 이와 더불어 전인적인 교육 등을 강조하면서 대학은 상아탑의 영역을 철저하게 쌓기 시작합니다. 그 다음 4단계인 20세기 후반부터 우리가 소위 'Multiversity'라고 이야기하는 새로운 풍조가 대학 사회에 등장합니다. 고려대학에서도 이와 같은 agenda를 내놓으셨는데, 현대의 새로운 풍조인 'Multiversity'는 대학이 교육, 연구, 사회봉사 영역까지 포함하는 것을 의미합니다. 이것이 산학연구와 같은 것들과 상당히 연결이 되는 것이죠.

결국 대학의 이념이 시대에 따라 변하거나 그 강조점이 변한다는 것은 분명한 사실인데, 대학이 어느 시대에는 그 시대의 사회적 역할을 잘 수행하고 어느 시대에는 그렇지 못한가를 결정하는 가장 핵심적인 가치는 '진리 탐구'라고 생각합니다. 즉 대학이 '진리의 탐구'라는 정신을 잃어버렸을 때, 그리고 시대와 지나치리만큼 야합했을 때 대학의 그런 역할은 제대로 수행되기 어렵다고 봅니다. 실제로 역사 속에서 여러 가지 제도가 흥망성쇠를 이루는 가운데 로마 카톨릭 교회를 제외하면 대학만큼 오랜 전통을 지켜 온 것은 없다고 봅니다. 이런 측면에서 대학을 유지 발전시키는 그런 원동력은 무엇인가, 이 질문에 대한 답이 바로 우리에게 해답을 준다고 생각합니다. 결국 자유로운 학문 공동체로서의 역할을 살리면서 그 사회와의 이해관계 속에서 가능한 한 객관성을 유지할 때 대학의 순수 학문적 기능이 살아날 수 있다고 생각합니다.

한편 한국 대학의 전통에서는 국학, 태학, 국자감을 이어 조선 시대에 성균관이 일종의 최고 학부로서 대학의 기능을 했다고 할 수 있는데, 이는 서양의 제도하고는 물론 다르지만 대체로 우리 전통의 교육, 최고 학부에서의 교육은 윤리·도덕에 대한 인문학적 가치, 인간다움과 같은 것이 가장 지배적이었고 또한 국가와의 관계가 아주 긴밀하였습니다. 최고 학부에서 양성하는 인재들은 모두 관료가 되기 위해 과거 시험을 준비하였고 또 그 속에서 유교 경전과 같은 것을 어떻게 잘 표현하고 또 이를 실생활에서 어떻게 실천하느냐에 대한 노력을 했다는 점에서, 관료적이지만 또 한편으로는 도덕·윤리를 내세우면서 그 시대의 지표가 되는 역할도 했다고 볼 수 있습니다. 그러다가 한국 사회는 개화기에 서양 학문이 들어오면서 해방 이후의 대학들이 서양의 대학을 모델로 하는 풍토를 가지게 됩니다.

이런 속에서 저는 대학에서의 진리 탐구의 정신은 시대가 변해도 바뀔 수 없다고 생각합니다. 첫째로 대학은 유용한 직업적·전문적 훈련을 제공했지만 가장 높은 지적 탐구를 위해서 헌신했다는 것, 둘째로 대학은 지식을 보존하고 전수시키기도 했지만 연구와 저술을 통해서 역사 발전을 추동하였다는 것, 셋째로 무엇보다도 본질적인 것으로 여러 교습법과 다양한 과목들을 하나의 조화로운 제도에 통합시키는 이상을 실현시키면서 인간 지식을 전체적으로 순환시키는 하나의 대표적인 교육 기관을 만들어 왔다는 점에서 말입니다. 그래서 우리가 앞으로 대학의 자율성을 국가와의 관계에서 서로 호의적으로 설득하면서 갖출 수 있느냐 하는 문제, 또 이상과 현실 속에서 대학 학문의 순수성과 실용성을 어떻게 적절히 균형을 잡고 조화롭게 할 수 있는가 하는 문제가 중요한 화두가 될 것입니다.

우리의 미래와 국가의 경쟁력 수준이 인재 양성에 달려 있다고 할 때, 결국은 대학이 균형 잡힌 판단을 통해 모든 것을 슬기롭게 해결할 수 있는 인간을 만들어 가기 위해 성찰해야 한다고 생각합니다. 물론 양적인 발전, 과학의 발달, 물질의 풍요도 중요하지만 무엇보다도 대학의 교육은 정신적인 것에서 세상과 타협하거나 거기에 예속되는 것이 아니라, 세상의 문명을 선도하면서 이끌어 가는 진리 탐구의 정신을 잃어버리지 않아야 합니다. 그래야만 대학이 산소 같은 힘을 발휘할 수 있고, 또 물결 같은 부드러운 힘으로서 인간다운 세상을 주도하고 선도할 수 있지 않을까 생각합니다. 감사합니다.

권대봉(고려대 교육학과 교수) 감사합니다. 흔히 역사라고 하면 현재에서 과거를 잇는 것이라고 알고 있는데, 오늘 총장님 모두 발언을 들으니까 과거에 비추어 현재를 진단하는 것도 역사라는 생각이 듭니다. 특히 땅 위에서 강의하면 안 된다고 하니까 나무 위에 올라가서 강의하고, 나무 위에서도 안 된다고 하니까 세느강에 배를 띄워 놓고 강의를 하면서 대학의 자율성을 추구하고, 진리를 탐구하며 보편성을 찾았다는 것은 대단히 중요한 교훈인 것 같습니다. 더불어 대학은 타협하지 않아야 하고, 대학은 예속되지 않아야 하고, 대학은 문명을 선도해서 산소 같은 역할, 그리고 물결 같은 역할을 해야 한다고 말씀해 주셨습니다. 한승주 총장님 어떻게 생각하십니까?

한승주(고려대 총장) 지금 이배용 총장님께서 아주 포괄적으로 잘 말씀을 해 주셨고, 저는 거기에 대해서 직접 comment하기 보다는 한 가지만 보태어 말씀드리도록 하겠습니다.

대학의 역할이나 기능을 여러 가지로 볼 수 있습니다. 지금 이 총장님께서 말씀을 해 주신 것처럼 조금 거시적으로 보면 대학은 인재를 양성하고, 지식을 창출·전달하고, 한 사회의 리더십을 배양하는 것과 같은 구체

적인 기능 이외에, 한 사회와 세계, 또 과거와 현재와 미래를 연결시켜 주는 역할을 하는 것이 아닌가 생각합니다. 조금 추상적이기는 합니다만, 지식에 있어서도 그렇고 가치 면에서도 그렇고 이념이라든지 생활양식이라든지 사고방식이라든지 여러 가지 면에서 다른 어떤 인간 조직보다도 대학이 이런 역할을 중요하게 수행한다고 볼 수가 있겠습니다. 금년 10월 달에 하버드대학에 새로운 총장이 취임했습니다. Drew Faust라는 여자 분인데, 그 분이 취임하기 전 하버드대학에서도 우리 학교와 비슷한 일이 있어서 전에 총장을 하셨던 분이 잠깐 동안 총장서리를 했습니다. 그리고 그 기간 동안에 좋은 총장을 찾아서 그 여자 분을 총장으로 모셨는데, 그 분이 취임사에서 자기가 받은 편지를 하나 소개했습니다. 그 편지는 1951년에 하버드대학교 총장으로 있던 James Conant라는 분이 쓰신 것이었는데 그 분은 "이 편지는 2000년대에 처음으로 총장이 된 분이 열어서 읽어 달라."라고 당부하셨다고 합니다. 그래서 그 편지를 소개했는데 편지 내용에도 여러 가지 깊은 의미가 많습니다만, 그렇게 50년 전의 총장이 50년 후의 총장에게 전하고 싶은 말이 있었다는 것, 또 그것을 소개하는 것을 보고 이러한 연속성이 얼마나 중요한가를 느꼈습니다. 그리고 이러한 연속성은 정부보다, 종교적인 기관보다, 기업보다도, 또 다른 어떤 인간 조직보다도 대학만이 가질 수 있는 것이 아니냐는 생각을 했습니다. 물론 우리는 오늘 하루하루 앞의 일만 보고 있지만, 이렇게 역사를 이어가고 또 미래를 창조하는 데 있어서 대학이 매우 중요한 역할을 한다는 것을 느끼게 됐습니다.

권대봉(고려대 교육학과 교수) 고맙습니다. 한승주 총장님께서 과거와 현재 미래를 잇는 역할은 대학이 해야 되지 않느냐고 말씀하시면서, 하버드대 총장의 50년을 잇는 사례를 소개해 주셨습니다. 그런데 사실 대한민국 같은 경우 정권은 5년인데 대학은 몇 백 년 이상 가는 것 아닙니까? 여기에 대해서 손병두 총장님 어떻게 생각하십니까?

손병두(서강대 총장) 사실 저는 대학에 온 지 얼마 되지 않아서 교육에 대해서는 어떤 면에서 상당히 문외한 수준에 가깝다고 할 수 있습니다. 이번에 포르투갈 리스본에서 세계 가톨릭대학 총장 회의가 있었습니다. 가톨릭대학이 세계에 1300개가 있는데 이 회의에 총장들이 300명 정도 참석을 했습니다. 그 회의 주제가 오늘 주제와 비슷했습니다. 대학의 과거, 현재, 미래, 그리고 대학의 정체성이 무엇인가를 주제로 나흘 동안 아침 8시부터 저녁 10시까지 열띤 토론을 벌였습니다. 저는 어디든지 공부를 하기 위해서, 요즘 대학이 어떤가를 공부하기 위해서 열심히 다닙니다. 오늘 이 자리도 사실 제가 토론자로 나오기는 벅찬 자리이지만 공부를 하기 위해서 나왔습니다. 이배용 총장님이 대학의 역사를 훑어 주신 것처럼 그 회의에서도 루뱅대학이나 소르본대학의 역사학자들이 대학의 과거, 현재, 미래에 대한 논의를 했습니다. 과거를 돌아보고 현재를 분석하고 미래를 조망하는 자리였습니다. 거기에서 열 분의 역사학자들이 12세기부터 시작해서 중세까지, 중세에서 20세기까지 대학의 역사에 대해 발표했습니다. 과거는 이배용 총장님이 정리해 주신 것과 같았습니다. 그러나 미래의 대학을 어떻게 건설할 것이냐 하는 것은 각 대학이 처한 상황에 따라 많이 달랐습니다만, 공통의 문제 중 첫 번째는 Globalization, 그러니까 세계화라는 큰 변화의 물결 속에서 대학이 어떤 역할을 해야 하느냐에 대한 고민이 많았습니다. 대학이 글로벌 시대의 무서운 경쟁 속에서 살아남기 위해서 어떻게 대처해야 하는가, 대학의 경쟁력을 높이고 대학을 국제화하는 것이 대학의 최우선 과제이고, 글로벌 시대에 맞는 인재를 양성하여 사회에 공급해야 되지 않겠느냐 하는 이야기들을 많이 했습니다. 물론 대

학이 진리를 탐구해야 하는 것은 기본적인 대학의 사명으로, 아무리 역사가 바뀌어도 변하지 않는다는 의견은 공통적으로 나왔습니다. 그런데 그 이후 제기된 문제는 현재 대학의 실용적 추세 속에 우리가 잃고 있는 것이 많다는 것이었습니다. 예를 들어 전인 교육이 많이 부족한 것 아니냐는 것이 있었고, 이런 것들은 우리가 반성해야 할 점이며 대학에서는 지식보다는 지혜를 가르치고 덕성과 너그러움과 남을 이해하고 용서하는 법을 가르쳐야 하는데, 그런 부분에 대한 것을 우리가 그동안 너무 간과하고 있지 않았느냐는 반성들을 많이 했습니다. 오늘날 우리 대학이 세계의 대학과의 경쟁에서 생존해야 하는 절박한 상황에 있기 때문에 이런 경쟁 속에서 살아남기 위해서 연구 능력을 강화하고 국제화하는 등 여러 가지 노력을 하고 있습니다. 그러나 우리가 잊지 말아야 할 것은 바로 전인 교육에 대한 노력을 게을리 해서는 안 된다는 말씀을 드리고 싶습니다.

권대봉(고려대 교육학과 교수) 고맙습니다. 손병두 총장님께서 지적하신 글로벌 시대의 대학 경쟁력은 잠시 후 따로 논제를 정해서 토론하도록 하겠습니다. 현재천 교수님, 대학의 역사와 본질에 대해서 말씀해 주시기 바랍니다.

현재천(고려대 교수) 오늘 첫 번째 주제인 대학의 역사와 본질을 확대해서 오늘 전체 모임의 주제하고 연결하여 제가 생각한 화두는 두 가지입니다. 그 첫째는 문명이고, 두 번째는 지도자, 지도력에 관한 개념입니다. 지금 대학의 역사가 유럽은 약 1,000년 가까이 되고 우리나라는 성균관부터 따지면 600년인데 그동안 대학이 여러 가지 역할을 하고 또 그때그때 사명에 따라서 성공도 하고 실패도 했다고 보지만, 근본적으로는 인류 문명의 역사와 대학이 같이 왔고, 지금도 같이 가고 있고, 앞으로도 같이 가리라고 봅니다. 그러니까 어떤 면에서는 대학이 문명을 선동한다고도 볼 수 있고 또는 문명에 적응한다고 할 수도 있습니다. 이에 더 나아가서는 문명에 기여하는 것이 대학의 가장 큰 역할이고, 기여하는 방법 중 지도자를 양성하는 것이 대학의 본질에 가장 근접한 개념이라고 생각합니다. 그래서 저는 영어로 생각해 보면 오늘의 대학에 관해서 시대를 초월하고 공간을 초월해서 생각할 수 있는 것은 역시 문명이라는 'civilization'과 지도력에 대한 개념 이해, 다시 말해서 'leadership'에 관한 개념이 전체를 통괄하는 것이 아닌가라고 생각합니다. 그래서 오늘 그 소제목으로 다른 것이 나오겠습니다만, 제 생각에는 그렇게 우리가 전체를 이해하고 또 각자 맡은 바와 분야별로 생각을 하면 전체 큰 그림이 나오지 않을까 생각합니다. 다시 말해 개인과 국가와 또는 사회 조직과 세계화 또는 21세기에 우리가 살아가는 지구촌과 같은 이런 복잡 다양한 문제와 과제 속에서 역시 우리 대학의 기본은 문명과 리더십이 아닌가, 그렇게 생각합니다.

권대봉(고려대 교육학과 교수) 인류 문명 발전에 기여하는 지도자를 양성하는 것이 대학의 본질이라고 명확하게 정의를 해 주셨습니다. 첫 번째 논제인 대학의 역사와 본질에 대해서 김우창 교수님께서 마무리해 주시면 고맙겠습니다.

김우창(고려대 명예교수) 제가 이 자리에 나오기 전, 사석에서 문제는 많지만 답은 하지 않아도 된다는 이야기가 있었고 그래서 안심하고 나오게 되었는데, 대학 문제에 관한 특별한 제목에 대해서 두 번째 순서로 발표를 하라고 교무처에서 통지가 왔습니다. 그래서 이건 당초 약속하고 다르다고 생각하면서도 약간 준비를 해 왔습니다. 그런데 제가 준비한 것은 다음번 주제가 될 텐데 그 이야기를 할 때도 나오겠지만 제가 걱정하는 것

은 요즘 대학에서 무슨 "경제 발전을 위해서 큰 발명을 해야 된다.", "경제 영역에서 활동할 사람을 많이 길러 내야 한다."는 얘기를 많이 하고, 또 대학 교수도 그러기 위해서 거의 강제적인 여러 가지 조치를 통해서 봉사하게 하고 해서 상당히 걱정을 많이 했습니다. 아까 이 총장께서도 말씀하시고 또 다른 분들도 말씀하셨지만, 대학이 제대로 살려면 "무엇에도 봉사하지 않고, 진리 자체를 위해서 사는 기구가 되어야 된다." 이런 이야기를 하려고 했습니다. 그런데 지금 대학을 맡고 계시는 세 분의 선생님께서 모두 역시 진리 탐구와 인간 양성이 제일이라고 말씀하신 것을 듣고 '제가 써 온 것도 별 소용이 없고 안심해도 되겠다.', '대학에 대해서 걱정할 필요가 없겠다.'는 생각을 했습니다. 저도 이 의견에 십분 동의합니다. 그런데 아까 한승주 총장께서 하신 말씀에 한 가지만 더해서 이야기하고자 합니다. 하버드대에 Faust라는 분이 총장이 되셨고, 50년 만에 전 총장님의 편지를 열어 보았다는 이야기를 하시면서 대학의 연속성에 대해서 생각하셨다고 말씀을 하셨는데, 여기에 아주 동감을 표하고 싶습니다. 전통을 존중해야 한다는 측면을 염두에 두고 우리나라에서 명문 대학이라고 하는 곳을 보면 모두 오래된 대학입니다. 또 유럽에서도 그렇지만 유럽은 하도 오래 되어서 뒤죽박죽이 되었지만, 미국은 상대적으로 유럽에 비해 역사가 길지는 않지만 유명한 대학은 전부 다 오래된 대학입니다. 그래서 제가 최소한 그런 대학들을 보며 생각하는 것은 '대학이 잘 되려면 적어도 100년에서 120~130년이 필요하다'는 것입니다. 비록 미국에 그렇게 역사가 길지 않은 대학도 있지만 대부분 100년에서 150년 정도 되어야 비로소 틀이 잡힌다고 생각합니다. 이런 측면에서 우리나라의 현재 고대, 연대, 이대를 보면 이제 100년 전후가 되었습니다. 그래서 '정말 틀이 잡힐 때가 되었다.', '이것이 무엇을 뜻하는가에 대해서 깊이 생각해야 한다.' 이런 느낌이 듭니다.

권대봉(고려대 교육학과 교수) 고맙습니다. 이제 첫 번째 논제를 마무리하고 두 번째로 넘어가겠습니다. 첫 번째 우리가 대학의 역사와 본질에 대해서 토론을 했는데 대학은 대학다워야 한다는 데는 다 동의를 하시는 것 같습니다. 대학이 대학다우려면 '역사 발전에 동력으로 작동해야 하고, 또한 새로운 문명을 창조할 수 있는 리더십을 가진 인재를 길러 내서 대학이 연속성을 가져야 한다.' 이렇게 정리를 하면 될 것 같습니다. 그래서 '어떤 압박이나 예속에도 굴복하지 않고 자유로운 학문 공동체로서 계속 진리를 탐구하는 것이 대학의 본질을 지키는 것이 아닌가' 이렇게 말씀들을 해 주셨습니다. 다음은 두 번째 주제로 넘어가서 대학 교육의 기본 철학과 현대적 지향에 대해서 김우창 명예교수님께서 모두 발언을 해 주시겠습니다.

김우창(고려대 명예교수) 사실 아까 이배용 총장께서 말씀하신 것이 다 그 문제에 관한 것이기 때문에 제가 하는 이야기가 필요가 없을 것 같습니다. 그런데 아까 말씀드린 대로 시험 답안지는 안 써와도 된다고 했는데 갑자기 그런 통지를 받고 어젯밤에 부랴부랴 썼는데 결국 이 총장님께서 하신 말씀하고 똑같은 이야기가 되었습니다. 그런데 달리 지금 여기에서 생각할 수도 없고 그러니까 중복되는 것이긴 하지만 한 번 읽어 보겠습니다.

　진부한 말이지만 대학은 진리 탐구의 전당이라고 합니다. 진리 탐구는 그 자체가 목적입니다. 그것이 어떤 것에 봉사한다면 그 대상은 인간 정신의 성취이고 표현이어야 할 것입니다. 즉 인간 정신을 높인다는 점에서는 진리가 다른 것에 봉사할 수 있지만 그 외에 대해서는 봉사하여서는 안 된다는 이야기입니다. 진리는 이런 측면에서 인간 정신의 자유와 존엄을 확인하는 일을 하게 됩니다. 이렇게 진부한 말을 다시 하는 것은 오늘날 대학에 요구되는 것이 이것과 상당히 거리가 있는 것이라고 보이기 때문

입니다. 이번 토론회 주최 측의 취지문에도 고급 인력 확보가 국가 발전에 최우선 요건이 된다는 것이 들어 있습니다. 이를 보면 현재 대학이 고급 인력을 보급하는 곳으로 생각됩니다. 인력이라는 말에서 이미 느낄 수 있듯이 이는 주로 국력과의 관계에서 생각되는 것으로 국력 신장은 최우선적으로 경제 발전을 말하는 것이라고 하겠습니다. 이는 학문의 전통적인 의미를 축소하고 학문을 기능화하는 것이라 생각합니다. 인력이라는 말은 힘이 있다는 것이니까 사람을 높이는 이야기 같지만, 사실 하나의 자원으로써 인간을 생각하는 것입니다. 저는 신문에도 그런 이야기를 쓴 일이 있는데 교육인력자원부라는 이름에 대해서 시비를 건 일이 있습니다. 그러니까 교육부는 괜찮은데 교육인력자원부는 문제가 있다는 것이었습니다. "인력 자원이라는 것은 말하자면 인간을 경제 활동의 세 요소 중 한 가지로 보는 것이기 때문에 인간을 우습게 아는 것이다.", "제대로 된 나라가 인간 교육을 맡는 곳을 인력자원부라고 해서 되겠느냐."라는 취지의 이야기였습니다.

권대봉(고려대 교육학과 교수) 교육인적자원부입니다.

김우창(고려대 명예교수) 예. 교육인적자원부입니다. 이런 시비를 걸어 본 일이 있습니다. 사람은 자원 이상의 것이기 때문에 자원이라는 말로 규정을 하면 안 된다. 그런데 요새는 그게 굉장히 강조되어 있고 여기에서 인력이란 말이 나온 것도 그런 맥락에서 비롯된 것이 아닌가 하는 생각이 듭니다. 그렇기는 하지만 "대학이 지금 실질적인 요구를 충당시켜야 된다."라는 이야기는 거부하기가 어렵게 되어 있습니다. "21세기의 세계화 경제에서 첨단 과학 기술과 경영 능력, 이것을 닦아야 된다.", "이것이 국가가 발전하는 주된 방법이다."라는 것은 우리나라에서도 이야기되고 세계적으로도 이야기되어서 사실 지금 유럽 대학에서 일어나고 있는 중요한 변화 중 하나로서, 종전에는 이런 관점에서 생각하지 않던 대학들을 바꾸는 실험들이 행해지고 있습니다.

독일 대학은 여러분이 알다시피 다 좋은 대학 나쁜 대학 없이, 또 시험에 중점 두지 않고 고르게 들어갈 수 있는 곳인데 무르맨 대학이 새로 생겨서 선발도 하고 돈도 받으면서 바뀌고 있습니다. 영국에서도 그런 압력이 계속적으로 나오고 있습니다. 이를 따르자면 대학의 학생 선발뿐 아니라 교수 처우도 상당히 달라집니다. 20년 전 옥스퍼드 대학의 예를 들면 그곳에서 교수의 업적에 따라서 월급에 차등을 두어야 한다는 제안이 있었는데 옥스퍼드 교수회에서 다 고르게 받겠다는 것을 다시 확인하고 차등 월급제를 거부했습니다. 그런데 요즘은 그러한 공식적인 채널이 아닌 다른 방식으로 바뀌어져 가고 있는 것 같습니다. 그러니까 교수들을 채용할 때 일정한 월급이 있지만 채용하는 것을 맡고 있는 사람, 이런 사람들이 '자기 판단에 따라서 다른 보수를 책정할 수 있다.' 이런 삽입구를 살금살금 끼워 넣는 데가 생기고 있습니다. 이런 일들이 영국에서도 일어나는 것을 보면 우리가 진리 탐구만을 이야기하고 실용적인 산업 경제에 대학이 봉사해야겠다는 것을 무시할 수는 없는 것 같습니다.

그런데 저는 이것과 관련해서 실제 진리 탐구라는 것을 무시하고 산업 경제에 봉사하는 것, 또 첨단 기술을 발생시켜서 세계 시장 경쟁에서 우위에 서는 것, 이런 것만을 중시하다 보면 큰 문제가 생긴다고 느낍니다.

하나는 인간 존엄성에 대한 훼손인데, 인간이라는 것은 전부 인적 자원이고 경제 활동에 하나의 소모 부분에 불과하다는 생각이 확산됨으로써 사람 자체가 곤란한 입장에 떨어질 수 있다는 것입니다.

다른 하나는 산업에 필요한 것도 일종의 진리인데, 진리 탐구에도 문제가 많이 생긴다고 느낍니다. 실용적이라 하는 것은 국가적인 차원에서는

산업 경제에 도움이 되는 것이지만, 개인적인 차원에서는 자기 명성을 높이고 월급을 더 받는 것이죠. 이런 실용적인 측면에서 진리라고 이야기할 때는 자연과학에 있어서의 진리가 자주 언급되지만, 거기에까지도 도덕적 결단이 필요하다는 생각이 듭니다. 진리를 존중한다는 말은 달리 말하면 거짓을 배제한다는 말입니다. 거짓을 배제하는 데에는 사실 도덕적인 원리 빼고는 다른 원리가 있을 수가 없죠. "거짓말을 해서 통하면 좋지 않냐" 이렇게 이야기할 수 있지만 거짓말이 안 된다고 하는 것은 하나의 도덕적인 결단이라고 할 수 있습니다. 그러니까 사실은 과학적 진리의 탐구에도 도덕적 결단이 들어있고, 그것이 도덕적 결단하고 연결되어 있는 것이 우리가 큰 의미로 이야기하는 대학에서의 진리 탐구라고 할 수 있습니다. 이런 의미에서도 진리 자체를 존중해야 한다고 생각합니다. 다시 말해 인간의 인격적인 탐구에 연결된다는 것, 인간 정신의 고양된 표현이라는 것, 그것이 도덕적인 존엄성에 연결된다는 것, 이렇게 연결된 상황 속에서 진리를 생각해야 된다는 것입니다. 그리고 이것이 기본이 되어야 하며, 거기에서 실용적인 것으로 나아가는 것은 가능하지만 실용적인 진리만을 강조함으로써 거기서부터 다시 거짓이 없는 진리로 나아가는 것은 불가능하다고 생각합니다. 즉 A에서 B로 가는 것은 되지만 B에서 A로 가는 것은 안 되는 것이 보통일 것 같습니다. 그러니까 맨 처음에 중요한 것은 우리가 실용성을 중요시하더라도 전통적인 의미에서의 진리 탐구를 존중해야 한다는 점이며, 그것이 있어야 실용성도 가능하다는 생각을 하게 됩니다.

여기에 대해서 그러면 그것을 어떻게 해야 되느냐 하는 것이 대학에 있어서의 사실 구체적인 문제죠. 어떻게 해서 전통적인 의미의 진리 탐구를 살리면서 동시에 국가 경제가 요구하는 진리, 또 사회 정치가 요구하는 진리를 만들어 내느냐, 이것을 어떻게 제도화하느냐, 어떻게 이것을 학회에서 연결하느냐, 이것이 상당히 큰 문제라고 생각이 되는데 이는 매우 섬세하게 학교에서 하는 일 하나하나에 여러 가지로 주의함으로써 그 보장이 가능하다는 생각이 듭니다. 제가 그것을 여기에서 일일이 다 이야기할 수 없기 때문에 한 가지 그냥 농담 비슷한 이야기를 하나 하겠습니다. 가령 보수와 연구의 연결, 이것을 두고 볼 때 '연구를 잘하면 거기에 대한 포상으로 월급을 더 준다.' 이것은 돈을 위해서 연구하라는 이야기하고 비슷하게 됩니다. '연구를 잘하고 있기 때문에 그 부분의 살림을 도와주기 위해서 돈을 준다.', 이것은 돈을 주는 면에서는 똑같지만 그 의미는 상당히 다르다고 생각합니다. 옛날에 우리나라에서 훈장들이 촌에 가서 서당 열고 가르치면 쌀가마라도 받아야죠. 그러나 "쌀가마 받으려면 너 잘 가르쳐" 이렇게 하는 것이 아니고 잘 가르치고 있기 때문에 쌀가마를 드린 거죠. 그 반대의 경우가 아닙니다. 그러니까 사실적으로는 똑같지만 그 배경에 들어 있는 가치 체계와 행동 규범은 전혀 다릅니다. 즉 '잘 가르치는 분을 위해서 그 분의 살림을 도와줘야 되기 때문에 쌀가마를 갖다 준다.' 이것은 가치나 모든 행동 규범에 전혀 도덕적인 것이고 "당신 쌀가마 받으려면 잘 가르쳐" 이렇게 하는 것은 완전히 물질적인 가치에 학문을 종속시키는 것이 되게 됩니다. 이런 점에서 저는 대학에서 어떻게 해서 연구 교육을 진행하면서 또 동시에 그것을 물질적인 포상하고 연결시키느냐, 이것은 매우 섬세하고 조심스럽게 생각해야 한다고 느낍니다. 이것은 어떻게 보면 대학의 자율성을 살리면서 또 동시에 어떤 실질적인 연구를 하는데 그것으로 박스를 잘 만들어야 하고, 그 박스 안에는 늘 진리가 들어 있어야 된다는 이야기입니다. 저는 이런 진리를 가지고 그 안에서 실용적인 것도 만들어 내고 도덕적인 것도 만들어 내야 된다고 생각합니다. 교수 평가 같은 것도 그렇죠. 평가에서도 '승진하려면 논문 많이 내야 된다.' 이런 건 너무 노골적인 물질주의적 표현으로, 진리의 존엄성, 정신적 추구의 위험에 대한 여러 사람의 모험적인 행위, 이런 것들을 고려하지 않는

것으로 생각됩니다. 그래서 이것을 좀 더 섬세하게 하는 방법들을 연구해야 된다고 생각합니다. 또 대학 교육의 문제에 있어서도 우리 대학 제도라는 것이 미국에서 배운 것인데 이왕 미국에서 배웠으면 더 철저하게 배우면 어떨까 하는 생각입니다. 그것은 대학 학부에 있어서는 기초 과학을 공부하고 대학원에 가서는 좀 더 기술적이고 전문적인 것을 가르치는 쪽으로 전체적으로 편제를 좀 더 확실하게 하면 되지 않을까 하는 생각입니다. 그리고 교수 평가라든지 논문 제도라든지 이런 데에서도 이런 섬세한 고려들이 많이 있어야 되며, 어디까지나 대학의 존엄성은 대학 교수의 존엄성이기도 하지만 인간 정신의 존엄성, 인간 정신의 자율성, 이런 것을 확대시키는 기초이기 때문에 그것을 확보하는 노력을 해야 된다는 생각이 듭니다. 다음에 나오겠지만 'Multiversity' 문제도 그렇습니다. 'Multiversity'나 또는 원격 장치를 통한 전자 장치 교육 이런 것도 도덕적인 관점에서 생각하면 간단하게 답이 나올 수 있습니다. 대학에서 가르친다는 것은 단순히 정보 전달이 아니라 인격적인 관계를 포함하는 상호 작용이기 때문에 기계를 통해서 정보를 전달한다는 것은 학부 교육에서는 부적절하지만 대학원 교육에서는 있을 수 있다고 생각합니다. 그러니까 이러한 문제를 해결하는 데 있어 한쪽으로는 대학의 존엄성 - 교수가 존엄하다는 것보다 인간의 존엄성과 인간 정신의 추구-를 살려 가는 여러 가지 섬세한 고려를 하고, 다른 한쪽으로는 제도적으로 이를 어떻게 해석할 수 있느냐에 대해서 매우 섬세하게 고려해야 된다는 생각을 가지고 있습니다. 이것으로 이야기를 끝내겠습니다.

권대봉(고려대 교육학과 교수) 고맙습니다. 인문학자이신 김우창 교수님께서는 '진리 탐구 그 자체가 목적이다, 진리 탐구를 한 그 결과가 실용적으로 활용되는 것은 좋지만 그 반대의 경우는 대학이 가져야 할 철학이 아니다.'라는 말씀을 해 주셨습니다. 여기에 대해서 자연과학자인 현재천 교수님께서는 어떻게 생각하시는지 한 번 여쭈어 보겠습니다.

현재천(고려대 교수) 저는 아까 말씀드린 바와 같이, 김우창 교수님께서 말씀하신 진리 탐구와 대학의 존엄성, 또 거기에 대응하는 실용주의, 이런 개념을 따로 떨어진 것으로 이해할 것이 아니고, 동전의 앞뒤처럼 통괄적으로 생각한다면 그 동전의 이름은 문명이 될 것이라고 생각합니다. 그래서 문명의 발전에 기여하는 것이 우리 지구상에 존재하는 모든 지식인의 책임이고 그것이 또한 대학 교육과 연구에 하나의 목표이자 또 하나의 요체라고 생각이 됩니다. 그래서 제 생각에 과거 우리 역사가 지금 written history가 약 1만년 가까이 된다고도 볼 수 있지만, 최근 문명의 발전 속도로 봐서 20세기, 또 우리가 살고 있는 21세기를 문명적인 차원에서 돌아보는 게 중요하다고 생각합니다. 그래서 저는 오래 전부터 20세기 문명을 우리가 어떻게 이해하느냐, 또는 지금 우리가 살고 있는 이 21세기의 문명을 어떻게 이해하느냐가 바로 해당 사람이나 조직, 국가 또는 지구 전체 인류의 명운을 좌우한다고 생각해 왔는데, 이에 대해서 간단히 말씀드리겠습니다. 저는 문명적인 차원에서 20세기를 초반 50년과 후반 50년으로 나눠 본다면 초반 50년은 문명권에서 의식주가 기본적으로 해결된 시대라고 생각을 합니다. 물론 아직도 의식주가 문제인 데도 있지만 적어도 우리나라를 포함한 문명권에서 20세기 초반에 의식주가 기본적으로 해결이 되었고, 물론 문제는 많습니다만, 이에 따라 20세기 후반은 그 해결된 의식주 선상에서 우리가 인생의 편의를 도모한 그런 시대였다고 생각합니다. Basic needs가 만족이 되면 그 다음에는 편의를 도모하는 것이 사람의 본능이기 때문에 20세기 후반에 등장한 것이 바로 IT문화이고 거기에서 오디오, 비디오가 나오고 컴퓨터가 나오고 휴대폰이

나오고 그런 문명이 진행되었다고 생각합니다. 물론 거기에 관련된 모든 가치 개념도 역시 그와 함께 변화했다고 생각을 하고 20세기 후반의 반, 다시 말해서 4반세기부터 다시 등장한 개념 속에서 우리가 지금 살고 있다고 생각하는데, 그것은 20세기 후반이 인생의 편의를 도모하기 위한 시대였다면 그 나머지 반세기부터 지금까지는 인생의 편의를 넘어서 인간 생활에 즐거움을 갖는, 생애 동안 어떻게 하면 더 편안하게, 더 나아가서 재미를 느끼고 건강하게 사느냐는 것입니다. 그래서 우리가 지금 처하고 있는 21세기는 어떻게 하면 인생을 건강하게 잘 재밌게 사느냐가 하나의 주제가 되는 시대라고 생각하고, 따라서 모든 학문이, 또는 모든 인문, 사회, 자연, 또는 산업을 망라해서 재미있게 건강하게 사는 문명을 이어가는 것에 초점을 맞추고 진행되고 있다고 생각합니다. 그래서 대학의 본질과, 미래, 지금 방향을 보는 데도 역시 그런 문명적인, 특히 우리가 살고 있는 21세기, 지난 20세기를 그런 차원에서 생각하는 것이 이해를 쉽게 해 주고, 또 우리가 해야 될 일을 조명해 줄 수 있는 지표가 되지 않나 생각합니다.

권 대봉(고려대 교육학과 교수) 현재천 교수님께서는 '진리 탐구의 이상주의와 국부 창출의 실용주의는 문명이라는 동전의 앞뒤와 같은 것이다.'라는 말씀으로 이것을 문명으로 통합하셨습니다. 또 다시 인문학자인 이배용 총장님 이야기를 들어 보겠습니다.

이배용(이화여대 총장) 두 분 선생님 말씀 잘 배우고 느꼈습니다. 그런데 진리 탐구와 실용주의의 문제에서 저는 조금 선후가 있지 않은가 생각합니다. 그래서 저는 김우창 선생님에게 조금 더 공감할 수 있을 것 같습니다. 물론 현재천 선생님 말씀에도 저희가 많이 계속 개척해 나가야 되고 새롭게 발전시켜 가야 될 것이 있는데, 똑같은 균형으로 가기는 조금 어렵지 않나 생각합니다. 결국 미래도 인간이 만들어 가야 되고 인간이 서로 상호 공존하고 사람다운 세상을 만들어갈 때 저는 현대적 지향, 진리에 가까워질 수 있다고 생각하며, 아까 김우창 선생님 말씀대로 진리는 목적 그 자체라는 데 거기에 보상이 있다고 생각합니다. 이를테면 어떤 단기적인 차익이라는 성과 부분보다 예지력이라는 것, 그러니까 앞을 내다볼 수 있는 예지력이라는 것을 키울 수 있습니다. 또 하나는 상대성인데 현대인들이 너무 이기주의로 흘러가는 데서 비롯된 개인주의적인 성향을, 역지사지할 수 있는, 즉 상대편을 헤아릴 수 있는 자세로 바꿀 수 있지 않을까 생각을 합니다. 저는 언젠가 박경리 선생님을 원주에 가서 뵌 적이 있는데 그 분이 말씀하신 것 중에 마음에 와 닿는 것이 있습니다. "인간들은 새들이 노래한다고만 표현을 하는데 왜 새가 노래만 한다고 생각을 하느냐. 아파서 울 수도 있고 엄마를 그리워하는 목소리를 낼 수도 있는 것을 사람 자체의 인식대로만 생각하고 있다."는 말씀이었습니다. 이것은 인간 끼리의 상대성뿐 아니라 동물, 식물의 생태계까지도 읽을 수 있는 그러한 마음과 성찰로서, 이런 역지사지가 가능할 때 인류의 평화나 환경 문제 해결이 가능하지 않을까 하는 생각이 들었습니다. 또 하나 우리가 지금 갈등의 문제를 상당히 많이 이야기하고, 사회학적으로 통계 분석도 내고 그러는데, 대학이라는 것은 극단적인 것으로 치우치는 '이거냐 저거냐'의 흑백논리가 아니라 어떤 중심축을 심어 줄 수 있는 그런 균형 잡힌 판단, 다시 말해 무엇을 맡았을 때도 그것을 지혜롭게 해결할 수 있는 능력, 높은 곳일수록 낮은 곳을 헤아릴 수 있는 그런 시야, 따뜻한 가슴, 이런 것들을 길러 주어야 한다고 생각합니다. 또 한 가지 중심축을 이룬다는 것은 인간은 한없이 오만할 수 있기 때문에 대학 교육에서 그것에 대한 절제, 자정 능력을 키워 주는 것을 포함해야 하지 않는가, 그래야 과학도,

경제도 인간에게 유용한 것이 되지 않을까 생각하고, 이런 것들을 대학에서 잡아 주어야 된다고 생각합니다. 기업은 단기 차익이 없으면 망하기 때문에 기업에서는 사람을 그렇게 키울 수 없습니다. 그러나 기업도 유능한 인재만을 뽑다 보면 그렇게 뽑힌 사람이 언젠가 인간답지 않은 일을 했을 때 그것을 통제할 수 없어집니다. 그래서 기업이 대학에게 어떤 효용성만을 요구하거나, 실용성만을 강요할 게 아니라 모든 일을 가장 바람직하고 반듯하게 추진할 수 있는 인간을 만들어 달라는 요구로서 대학에 많은 투자를 해야 된다는 생각을 합니다.

권대봉(고려대 교육학과 교수) 고맙습니다. 우리 이배용 총장님께서 어떤 극단적인 이상주의냐, 실용주의냐, 이것보다는 제3의 인간주의를 내놓으신 것 같습니다. 결국 인간을 이해하고, 인간을 품어야 하고, 인간을 위해서 우리가 인간주의를 지향해야 한다. 박경리 선생과의 이야기는 참 의미가 있는 것 같습니다. 우리는 새들이 노래만 부른다고 아는데, 노래 가사에도 그런 게 있죠. "아침에 우는 새는 배가 고파 울고 저녁에 우는 새는 임 그리워 운다." 이런 다양성을 우리가 품어야 한다고 말씀하셨습니다. 한승주 총장님께서는 이 문제에 대해서 어떻게 생각하십니까?

한승주(고려대 총장) 흔히 대학을 지칭할 때 상아탑이라는 표현을 쓸 때가 있습니다. Ivory tower라는 것을 실제로 생각해 보면 상아로 탑을 만들었기 때문에 보기에는 좋겠지만 실용성은 없을 것입니다. 그래서 그렇게 이야기를 하면서도 실제로 대학을 ivory tower로 만들 것이냐 하면 그것에 대해 100% 옳다고 이야기할 사람은 아마 없으리라 생각합니다. 그래서 결국 인성 교육을 강조하느냐, 또는 실용적인 교육을 강조하느냐 하는 것은 균형의 문제이지 하나의 선택의 문제는 아니라고 생각합니다. 그런

216

데 두 가지를 다 강조하는 대학이 될 것이냐, 또는 기술이라든지 실용적인 면을 강조하는 소위 Polyversity가 될 것이냐는 것은 대학의 선택이라고 볼 수가 있겠습니다. 저는 어떤 것이 더 낫다 혹은 더 좋다는 것보다 한 사회에 두 가지 형태의 대학들이 다 있는 것이 필요하다고 생각을 하고 또 학교에 들어와서도 학생이 어떤 교육을 받겠다는 것에 대해 선택할 수 있는 것이 좋지 않을까, 그런 생각을 합니다. 결국 대학의 기능이 여러 가지가 있습니다만, 교육적인 면에서만 본다면 학교에서 학생에게 교육을 할 때 그 학생이 졸업을 하고 취직을 하게 도와준다거나 또는 대학원에 진학하도록 도와준다거나 라는 구체적인 도움 외에 사실은 졸업한 후에 일생을 통해서 미래를, 또 앞으로 올 여러 가지 변화를 감당할 수 있게 하는 능력을 주는 교육이 대학의 의무가 아닌가, 그렇게 생각을 하고 그런 면에서는 대학도 여러 가지가 있을 수 있고, 또 학생들이 받는 교육에도 선택의 여지가 있지 않나, 그런 생각입니다.

권대봉(고려대 교육학과 교수) 한승주 총장님께서는 대학의 선택에 맡겨야 된다. 그리고 대학별로 이러한 어떤 부분을 강조할 수 있도록 대학의 선택에 맡기고 균형을 잡도록 하는 것이 대안이 아니겠느냐, 이렇게 말씀해 주셨습니다. 마지막 손병두 총장님께서는 어떻게 생각하시는지 말씀해 주시기 바랍니다.

손병두(서강대 총장) 말씀해 주신 김우창 선생님이나 또 두 분 총장님 의견에 전적으로 동감합니다. 제가 대학의 밖에 있다가 대학에 들어와서 가장 힘든 것 중 하나가 대학의 자율성이 없다는 점입니다. 한 총장님 말씀대로, 자유롭게 대학이 선택할 수 있도록 자율성이 많이 주어져야 한다고 생각합니다. 지난 리스본 회의에서도 그런 이야기가 나왔는데 국가로부터

의 자율성, 또 재단으로부터의 자율성도 많이 언급되었습니다. 대학이 자유롭게 학생을 선발하고, 건학 이념에 따라 학생을 길러 내기 위해서는 대학에 상당한 자율성이 보장되어야만 합니다. 이런 것을 제가 대학에 와서 실제로 많이 느끼고 있습니다. 그 다음에 두 번째 고민은 제가 총장으로 취임한 직후 우리 학교가 연구 중심 대학으로 갈 것이냐, 교육 중심 대학으로 갈 것이냐, 이런 논란에 휩싸여 있었습니다. 저는 대학이 연구만 한다고 해서 정말 사명을 다하고 있는 대학인가, 또 교육만 한다고 해서 정말 그 교육이 깊이가 있고 문화를 선도할 수 있는 그런 교육이 될 것인가 하는 문제의식을 가지고, 이 두 개가 대학에서 함께 이루어져야 한다고 생각합니다. 물론 그 비중은 학교에 따라서 교육에 좀 더 치우칠 수도 있고 또 연구에 좀 더 치우질 수도 있을지 모르지만 둘 중 하나만을 선택하여 연구 중심 대학 또는 교육 중심 대학으로 이렇게 과연 할 수 있는 것인가, 이 의문은 제가 늘 가지고 있고 교수님들하고도 토론을 하고 있는데 제가 지금 잠정적으로 내린 결론은 이 두 개가 잘 조화될 때 대학이 그 시대와 사회에서 요구하는 역할을 수행할 수 있다는 것입니다. 대학도 그 사회를 구성하는 하나의 조직이기 때문에 그 사회에서 필요로 하는, 그 사회에서 요구하는 바를 충족하지 않는다면 대학으로서의 기능이 어렵지 않겠느냐 라고 생각합니다. 조금 전에 한 총장님께서 말씀하신 대로 오늘날 우리 대학들의 현실에서 과연 지금 대학이 상아탑으로서 있을 수 있느냐는 것입니다. 아까 사회자께서 "고대가 담을 허물었다, 이제는 학문의 벽을 허물고 서로 만나자"고 말씀하셨듯이, 정말 우리 사회에서 대학이 이제는 세속으로 파고 들어가야 된다고 생각합니다. 이는 사회가 대학에 요구할 것이 아니라 대학이 사회 속으로 스스로 나아가는 형태이어야 하며, 그럴 때에야 비로소 진정한 대학이 할 수 있는 역할과 기능이 있지 않겠느냐 하는 생각을 해 봤습니다.

권대봉(고려대 교육학과 교수) 고맙습니다. 대학이 실용주의를 택할 것인가, 진리 탐구를 하는 이상주의를 택할 것인가, 이런 것은 대학에 맡겨야 되겠다는 의견과, 대학들이 특성화될 때 그것을 선택할 수 있는 선택의 자유도 있어야 되고 또 대학의 자율권도 있어야 된다는 말씀이 있었습니다. 사실은 다양한 대학이 있어야 선택을 할 수 있습니다. 부모의 교육 선택권은 1948년에 공표된 UN인권선언에도 나와 있습니다. 26조 3항으로 기억하고 있는데요, 거기에 '부모는 자녀에게 제공되는 교육의 종류를 선택함에 있어 우선권을 가진다'고 명시되어 있습니다. 그런데 그것은 사실 선택할 수 있는 다양한 종류의 학교가 있어야 가능합니다. 그래서 우리 대학들도 그런 선택이 가능하도록 실용주의적인 대학, 이상주의적인 대학, 인간주의적인 대학들이 특성화되어야 할 것 같습니다. 그리고 대한민국 헌법 제31조 제1항에 보면 '모든 국민은 능력에 따라서 균등하게 교육을 받을 권리를 가진다'는 학습권에 관한 규정이 있고, 제4항에 보면 '교육의 자주성, 전문성, 정치적 중립성 및 대학의 자율성은 법률이 정하는 바에 의해서 보장된다'고 명시되어 있습니다. 그래서 대학의 자율권이 헌법에 명시된 대로 보장될 수 있도록 대학도 그 책무를 다 해야 할 것 같습니다. 그 다음 논제로 넘어가겠습니다. 글로벌 시대의 대학 경쟁력에 대해서 외무장관과 주미대사를 지내신 한승주 총장님께 모두 발언을 부탁드리겠습니다.

한승주(고려대 총장) 이 문제를 접근하는 데 있어서 여러 가지 방법이 있겠습니다만, 제가 글로벌 시대의 대학이라는 것은 무엇인가, 어떠한 존재인가라는 것에 대해서 11가지 특징을 생각해 봤습니다. 시간이 부족하기 때문에 제목만 간단하게 이야기해 보겠습니다. 소위 글로벌 시대라는 것은 세계가 세계화되고 있고, 또 각국이 세계화되고 있고, 학문이 세계화되고 있고, 그런 상황에서 대학이 세계화되는 것이 필요하다는 것입니다. 그것

은 나라와 세계가 세계화하는 데 도움을 줄 뿐만 아니라 또 세계화된 졸업생을 배출하기 위해서도 필요하고 대학 자체가 존립하고 또 발전하기 위해서 도 필요합니다. 그 다음에 두 번째의 특징은 처음의 특징에서 나오는 것인데, 대학의 경쟁력은 국가 경쟁력의 밑받침이 된다는 것입니다. 물론 과거에도 그랬겠지만 세계화된 세계에서는 특히 대학의 경쟁력이 국가경쟁력의 밑받침이 됩니다. 지난해 신문에서 봤습니다만, 스위스 국제경영개발원이 발표한 대학 경쟁력 지수에서, 즉 국가 경쟁력에 대한 대학의 기여도에 있어서 우리나라는 조사 대상 60개국 중에서 최하위인 59위를 차지했다고 합니다. 이것은 여러 가지 이유가 있겠습니다만, 대학들이 그만큼 국제화에 뒤지고 있기 때문이 아닌가, 이렇게 생각을 합니다. 세 번째도 같은 이야기입니다만, 대학 경쟁력은 세계화와 밀접한 관계를 갖는다고 보겠습니다. 교수, 연구, 프로그램, 학생, 교류, 협력에 있어서 세계화가 필요합니다. 세계가 빠르게 변하고 있기 때문에 새로운 지식과 방법, 사고방식을 알아야 된다는 것, 또 교육 체제, 특히 대학은 새롭고 광범위한 분야와 철학을 가져야 하는데 그것은 세계화를 해야만 가능하다는 것입니다. 네 번째, 대학의 경쟁력은 세계적 차원에서 평가할 수 있다는 것입니다. 이제 경쟁 상대는 국내의 대학들이 아닌 세계의 대학들입니다. 그 이유는 다섯 번째의 특징으로 대학의 경쟁력과 질, 또 그에 대한 평가 기준이 표준화되고 있다는 점 때문입니다. 즉 대학들의 경쟁력을, 또 대학들이 얼마나 좋은 대학이냐는 것을, 평가할 수 있는 공통된 표준이 생겨나고 있다는 것입니다. 여섯 번째, 대학의 경쟁력은 재정적, 인적 자원 외에 창의력, 자율성, 자유 경쟁의 능력에 의해서 결정된다는 것입니다. 일곱 번째, 대학들은 세계적으로 다른 학교들과 경쟁한다는 것입니다. 랭킹에 있어서 경쟁하고 교수 확보에 있어서도 경쟁을 하고 우리가 외국에 있는 학자·교수들을 한국 국적을 가진 사람이건 외국인이건 데려오려고 하면 외국 학교들과 경쟁을 하지 않을 수 없고, 학생 확보에서도 경쟁을 해야 하고, 물론 랭킹에서도 경쟁을 해야 하고, 이제는 중·고등학교, 심지어 초등학교도 경쟁에 가담을 해야 하는 상황이 되었습니다. 우리 초·중·고등학교 학생들이 외국에 가는 것도 이러한 경쟁의 결과가 아닌가 생각합니다. 여덟 번째로 대학 교육이 상품화된다는 것입니다. 그것은 가격, 공급·수요의 원칙에 의해서 대학 교육이 결정된다는 것으로서, 여기에서 가격이라고 하는 것은 꼭 돈의 문제만이 아니고 거기에 들어가는 노력이라든지 다른 보상이 포함된다고 하겠습니다. 아홉 번째는 대학이 기업화된다는 것입니다. 흔히 요즘의 대학총장은 CEO가 되어야 한다고 하는데 여기에도 '대학은 경영하는 것이다'라는 대학의 기업화가 표현되어 있습니다. 즉 대학은 과거처럼 지도하는 것이 아니고 경영하는 것이라는 콘셉트와 현실이 나타난 겁니다. 열 번째는 대학이 'Multiversity'화하는 경향입니다. 그것은 구성 집단이 많아지고, 소속된 기관이 많아지고, 대학도 많아지고, 캠퍼스도 멀티캠퍼스가 되고, 연구소들도 많아지고, 프로그램도 많아지고, 국내외에 Operation도 생기는 경향과 관련된 것입니다.

다음 열한 번째로 대학들이 미래·변화 지향적이 된다는 점입니다. 지금 미국의 주요 대학들은 대폭적으로 교과 과목, 프로그램 체제를 바꾸고 있다고 합니다. 그것은 세계가 빨리 바뀌기 때문에 자기네들이 교과 과목이나 체제, 프로그램을 어떻게 바꾸면서 미래에 대비해야 되느냐 하는 생각에서 비롯된 작업이라고 볼 수가 있습니다.

마지막으로 세계화라는 것은 공간적인 개념입니다만, 우리가 시간적인 개념으로 볼 때 지금 세계는 세계화에 보태서 미래화라고 할까, 많이 변하고 있기 때문에 또 변화 자체에 대해서 우리가 대응해야 될 필요가 있고, 그것이 또한 대학의 역할이라든지 과제를 다르게 만들어 주는 것도 사실이라고 생각합니다.

권대봉(고려대 교육학과 교수) 고맙습니다. 글로벌 시대의 특징, 그리고 대학 경쟁력이 국가 경쟁력의 뒷받침이 되고 있다는 그런 큰 틀에서 흐름을 말씀해 주셨습니다. 김우창 선생님! 대학 경쟁력, 국가 경쟁력 여기에 대해서 어떻게 생각하십니까?

김우창(고려대 명예교수) 지금 말씀하신 것이 다 중요한 사항이라고 생각합니다. 아까도 제가 말씀드렸지만, 지금 말씀하신 것들을 현실로 옮기는데 어떤 섬세한 배려가 들어가느냐 이것이 중요하지 않을까 하는 생각이듭니다. 지금 말씀하신 가운데 걱정스러운 것은 랭킹과 같은 것, 저도 랭킹 생각을 안 하려고 하지만 신문에 나면 보게 되죠. 그러니까 모든 사람들이 다 신경을 쓰게 됩니다. 그러나 그것을 절대화하는 경우 굉장한 문제가 생긴다고 봅니다. 랭킹이라는 것은 수량적인 개념인데, 실제 학교가 어떤 종류의 학교이고 어떤 인간을 만들어 내는지를 수량적으로 계산할 수 없는 부분이 너무나 많습니다. 그러니까 가령 미국 대학의 경우 하버드나 예일이나 이런 대학이 좋다고 할 때, '그것이 어떤 특정한 부분에 있어서 어떤 업적이 있어서 좋다.' 꼭 이런 것만은 아닙니다. 전체적인 분위기가 좋다는 이야기가 되죠. 공부하는 것에서도 "어떤 데서 이 사람은 A학점 맞았으니까 B학점인 사람보다 우수하다."라고 이야기하는 것은 문제가 있는 겁니다. 그것은 그 범위 안에서 좋게 생각해서 평가해야 되지만 그것을 확대해서 일반적인 것으로 하면 상당히 문제가 있다고 생각합니다. 공부하는 것도 학점이나 수량, 논문 편수로 잴 수는 없다고 봅니다. 옥스퍼드대학에 우스운 규정이 하나 있는데, 대학 학기가 끝나고 학교의 공식적인 기능이 끝났어도 학생은 언제까지 학교에 있어야 된다는 규정이 있습니다. 그러니까 아무 하는 일 없이 기숙사에 앉아 있는 겁니다. 여기에는 공부는 자기가 하는 것이지 학교가 가르쳐 주는 것이 아니라는 의미가 전제되어 있는 것입니다. 즉, 학교에 앉아 있으면 공부를 하게 되니까 학교에 있어야 된다는 뜻이 아니라, 보이지 않는 요소들이 대학에 굉장히 많은데, 그러한 것을 빼고 수량적으로 평가하는 데 너무 의존한다. 그것을 무시할 수는 없지만, 의존하는 것은 문제가 있다고 생각합니다. 미국 공과대학 중에서 칼테크라는 대학이 상당히 위상이 높지만 칼테크가 다른 종합대학보다 별로 좋은 대학이 아니라고 생각합니다. 여러 가지를 접할 수 있는 다양한 기회가 있는 큰 대학이 좋지 칼테크처럼 어떤 특정한 분야에 있어서만 우수한 대학이 좋은 것은 아니라고 봅니다. 지금 랭킹으로 치면 미국의 경우 작은 리베라라스 칼리지 유명한 것들이 많은데 그것은 랭킹에 전혀 들어가지 않습니다. 그렇지만 그것들이 좋은 대학이라는 것은 알려져 있습니다. 그러니까 지금 말씀하신 경쟁과 세계적인 랭킹의 문제라든지, 학문적인 것도 다 중요하지만 수량화하고 외면화하는 경우는 조심해서 해야 되며, 너무 거기에다가 중점을 두면 안 된다는 생각이 듭니다. 한 가지만 더 보태서 말씀드리면, 이것도 한 총장께서 말씀하시고 다른 선생님도 말씀하셨는데, 여러 가지 종류의 대학이 있어야 된다는 것에 저도 전적으로 동감합니다. 그런데 우리나라에서 여러 가지 대학이 존재하지 않는 이유는 바로 대학에서 학문하는 것에 대한 도덕적인 면이 약하기 때문이라고 생각합니다. 무슨 이야기냐 하면 모든 대학에 가는 사람들이 대학을 출세와 영달을 위한 방편으로 생각하기 때문에 다양하게 만들 수가 없습니다. 랭킹으로 1등 대학을 가고, 2등 대학을 가는 사람들이 출세한다고 생각하기 때문에 대학을 다양하게 할 수가 없고, 교육부에서도 그걸 평준화라든지 여러 가지 기회 균등이라든지 이런 명목으로 해서 규제를 가하게 됩니다. 그러한 규제를 가하는 밑바닥에는 대학이 전부 다 출세 영달의 길이 되어 있다는 명제가 깔려 있습니다. 그러니까 그런 관점에서도 도덕적인 의미에서의 진리 탐구를 별개의 것으로서 확립하는 것이

중요하고, 그 안에서 다양한 것이 나오게 되며, 또 랭킹에 있어서도 실질적인 인간과의 관계 속에서 그것을 이해해야지 절대화해서는 안 된다고 생각합니다.

권대봉(고려대 교육학과 교수) 대단히 중요한 지적을 해 주셨습니다. 계량적 가치보다는 본질적인 내면적 가치가 역시 대학 경쟁력에서도 중요하게 취급되어야 된다는 말씀을 해 주셨습니다. 손병두 총장님 말씀해 주십시오.

손병두(서강대 총장) 사실 김우창 교수님께서 말씀하신 데 대해 반론을 제기할 수 없죠. 그러나 현실은 그렇지 않다는 데 문제가 있는 것 같습니다. 한 총장님께서 말씀하신 바와 같이 대학에도 경영이라는 관점이 필요한 시대가 오면서 저 같은 사람도 아마 팔자에 없는 총장이 되지 않았나 싶습니다. 제가 짧은 기간이지만 대학을 경영하면서 볼 때, 김우창 교수님께서 말씀하신 그런 가치를 구현해야 되는데, 그러기에 앞서 지금 대학은 굉장히 치열한 경쟁 속에서 생존하고 발전해야 하기 때문에 인간적이고 인본주의적인 관점만으로 대학을 경영할 수 있겠는가에 대해서 현실적으로 굉장히 어려움을 느낍니다. 대학을 평가하여 랭킹을 발표하고 있는 상황에서 학부모들이나 학생들이 어느 대학을 선택하겠느냐를 생각해 보면 아무래도 랭킹이 좋게 나오는 대학을 선택할 것입니다. 랭킹이 낮은 대학에는 아무래도 덜 우수한 학생들이 올 것입니다. 그것이 지속되면 결국은 교수님들도 전체적으로 경쟁에서 낙오될 수밖에 없지 않느냐, 거기에 고민이 있는 겁니다. 그래서 우리 김우창 교수님께서도 comment 하실 때 상당히 조심스럽게 접근해야 된다는 말씀을 붙이시고, 너무 랭킹에 치우쳐서는 곤란하다고 말씀을 하셨는데, 물론 랭킹이 전부는 아닙니다. 당연히 전부는 아니지만 그것을 현실적으로 무시할 수 없는 이 상황을 어떻게 해야 되느냐가 문제입니다. 그 해답을 지금 이 자리에서 바로 찾을 수는 없을 것 같습니다.

권대봉(고려대 교육학과 교수) 실용주의적 그리고 계량적 경쟁력도 무시할 수 없다는 손병두 총장님의 지적이 있었습니다. 그러면 최근에 미국의 하버드대학과의 교류를 통해서 대학 경쟁력을 실질적으로 이끌어 내고 있는 이화여대 이배용 총장님의 견해는 어떠신지 여쭈어 보겠습니다.

이배용(이화여대 총장) 제가 지난 10월 8일에 하버드대학 총장 취임식에 초청을 받아서 잘 보고 왔습니다. 아마 저를 초청한 것은 저희가 세계 최대 규모의 여자 대학에다 여자 총장이고, Faust 총장님도 역사학자이시고, 여성사 근대사라는 전공이 저와 비슷하시다는 점 등등이 배경이 된 것 같습니다. 저는 그 곳에서 총장님들이 행진하는 것을 보면서, 세계화가 필요하다는 것을 느꼈습니다. 행진을 설립연도 순으로 한다고 그래서 저희 이화대학이 121년이 되어 굉장히 선두 대열에 있을 줄 알았는데 그것이 아니었습니다. 저는 미국의 독립만 생각을 했는데 하버드 대학은 벌써 380년 됐고, 이외에도 300년 된 학교들이 꽤 있었습니다. 그래서 아시아에서는 저희가 상당히 앞서 있지만 미국을 보니까 굉장히 오래된 역사가 있다는 점을 느꼈습니다. 그 자리에 미국의 우수한 대학 총장님들이 한 200명 가까이 모여서 가장 많이 이야기한 것이 인성 교육, 소통과 융합, 그리고 세계화였습니다. 그래서 실제로 이것은 시대적인 물결이고, 시대적인 과제인데, 그럼 세계화를 왜 하느냐 하는 것에 대해 우리의 깊은 성찰이 필요하다고 봅니다. 한 총장님께서 이미 경쟁력과 관련하여 이야기하셨듯이, 결국 세계화는 대학의 수월성입니다. 그래서 우리가 얼마만큼 우

수한 대학으로 도약할 것인가는 그 부분과 함께 또한 지식 순환이라는 것에 달려 있습니다. 이제 세계화를 안 하고 안주하다 보면 결국 쇠퇴되게 마련이니까 아시아 국가들과 유럽에서 상당히 적극적인 세계화를 하게 되었습니다. 그러면서 서로를 알게 되는데, 저희가 근대화 초기에 그야말로 처음에 국제화를 했을 때 가장 이질적인 것이 우리가 글씨를 쓸 때, 서양은 가로로 쓰고 우리 고전은 다 세로로 쓰게 되어 있는 것이었습니다. 그래서 서양인들은 가로로 읽다 보면 계속 고개를 저어서 "NO, NO" 라고 하게 되고, 한국이나 동양 고전은 밑으로 내려가니까 고개를 끄덕여서 "YES, YES" 라고 하면서 읽어 내려간다는 유머가 있었습니다. 이런 이질성을 고려할 때, 결국 '학문에는 비판과 수용, 부정과 긍정, 이런 것이 함께 작용되어야 하지 않나'를 깨달아야, 서로 간에 이해하면서 결국 마음이 열리게 되고, 존중하게 됩니다. 이렇게 저는 가장 중요한 것이 신뢰의 국제화라고 생각합니다. 그 속에서 궁극적으로는 결국 어느 분야든 세계화하는 것은 당연하지만 특히 평화에 대한 지향성이 세계화의 가장 궁극적인 과제라고 생각을 합니다. 아무리 과학이 우수해도, 경제가 우수해도, 전쟁이 일어나면 무용지물이 되므로 가장 궁극적인 것은 함께 만나 평화와 공존의 문제를 같이 의논함으로써 차세대들이 세계 평화를 이루는 것이라 생각합니다. 또 하나는 다문화적인 소양을 가졌을 때 포용력과 창의력이 생긴다는 점입니다. 다문화적인 소양, 그래서 하버드에서의 대화 속에서도 그런 인식이 상당히 공유되어서 아시아대학에서 5개 대학을 선정하기로 해서, 한국에서 이화대학을 선정했을 때 그 분들과 서로 공유한 것이 역사의 길이가 길수록 미래를 비추는 빛의 길이도 긴 것 아닌가 그런 공감을 하게 되었습니다. 그래서 글로벌 리더로서 우리가 좀 더 내면의 문제, 또 외형적인 경쟁력의 문제와 함께 서로 공유되고 서로 성찰해야 될 기본 가치에 대해 유럽 대학 총장님들과 의사를 나눈 적이 있는데, 세계

100대 명문 대학의 평가 지표가 너무 미국 중심으로 되어 있다는 데 동의했습니다. 그래서 경쟁력을 확보하는 것은 당연히 필요한 것이지만, 이 경쟁력에 대한 지표, 기준을 이제는 세계화하면서 당당하게 같이 만들어 가야 한다는 과제가 우리에게 주어져 있습니다. 물론 미국 중심적인 세계화의 경쟁력은 현실적으로 인정해야 할 부분도 있지만 거기에 의존하다 보면 미국 중심에 안주하는 것이 될 수 있기 때문에 이 지표의 문제에 대해서는 우리가 좀 더 짚어 보아야 할 부분이 많지 않을까 생각합니다.

권대봉(고려대 교육학과 교수) 고맙습니다. 이배용 총장님께서는 논제마다 새로운 아이디어를 내놓으시는 것 같아요. 이번에는 글로벌 시대에 대학 경쟁력과 관련하여 다문화적 소양을 기르는 것이 중요하다는 것을 강조해 주셨습니다. 현재천 교수님은 국내외적으로 활동하고 계시는데, 이 문제 어떻게 보십니까?

현재천(고려대 교수) 조금 전에 미국에 대한 말씀을 이 총장님께서 해 주셨는데, 우리가 잘 알다시피 21세기 초반에 미국이 세계 유일의 초강대국으로서의 위상이 많이 흔들리고 있습니다. 이와 더불어 미국에서는 지금 무역 역조가 지속되고 있고, 중산층의 수입 구조가 몰락하고 있으며, 달러의 위상이 약해지고 있습니다. 이런 문제에 대해 여러 가지 원인들이 분석되고 있는데, 그럼에도 불구하고 아직 미국이 슈퍼파워를 유지하고 있는 것은 세계 대부분의 사람들이 미국을 가장 신뢰할 수 있는 투자 대상국이라고 생각하기 때문입니다. 그래서 중국, 일본, 인도, 또 한국에서 획득한 외화를 미국 시장에 투입하고, 미국은 그런 금융 산업에서 오는 부가가치로 지금 경제가 유지되고 있습니다. 특히 캘리포니아와 뉴욕을 중심으로 한 양해안에서 미국은 부가가치를 가지고 국력을 유지하고 있다고 생각

합니다. 이것이 미국이 어떻게 유지되고 있느냐에 대한 많은 사람들의 궁금점에 대한 답인데, 그렇다면 그 배경이 무엇이냐고 물으면 대부분의 사람들이 미국이 세계에서 가장 경쟁력이 있는 대학들을 가지고 있기 때문이라고 대답을 합니다. 물론 이론의 여지가 없는 것은 아니지만, 아직도 미국이 세계의 대학 중에서 다양성과 학문의 질과 여러 가지 깊이에 있어서 세계를 리드하고 있다고 생각합니다. 이것이 바로 아까 한 총장님께서 말씀하신 국가 경쟁력이 대학 경쟁력이라는 것이고, 이것을 가지고 21세기 문명을 살아가고 있기 때문에 우리나라 대학의 위상과 역할, 사명도 또한 이로부터 정의된다고 생각합니다. 여기에서 중요한 것은 경쟁인데요, 그런데 요즘 우리나라에서는 경쟁이 좋지 않은 개념인 것처럼 착각하는 논지가 있습니다. 마치 '경쟁 없는 세계에 살고 싶다.', 아니면 '경쟁이 없는 사회를 만들겠다.'는 식의 이야기가 많이 나오는데, 저는 그것이 굉장히 잘못되었다고 생각합니다. 경쟁은 좋은 것이고 건강한 개념입니다. 이는 자연의 법칙이고, 생명의 잉태에서부터 죽음까지 경쟁의 원리가 적용되기 때문에 경쟁은 피할 수 있는 것이 아닙니다. 여기에서 정작 중요한 것은 파괴를 위한 경쟁이 아니라 선의의 경쟁이 되어야 한다는 점이며, 우리는 여기에 적극 동참해서 선의의 경쟁에 기여자가 되어야 한다고 생각합니다. 그런 의미에서 대학의 경쟁력이 국가 경쟁력이고, 그것이 개인의 경쟁력이고, 또 문명에 대한 기여자로서의 철학적인 기초가 된다고 생각합니다. 그래서 저는 오늘 논제 가운데 세 번째가 가장 중요하다고 생각을 해서 그에 대해서는 많이 생각도 하고 토론도 한 바 있습니다. 특히 젊은 학생들이 경쟁이 나빠서 피해야 하는 것이 아니라, 그것을 적극 수용해서 성실한 경쟁자로서 좋은 승자가 되고, 선의의 기여자가 되어야 한다는 의식을 가져야 하며, 이런 의식을 길러 주는 것이 문명적 차원에서 대학의 사명이 아닐까 하고 생각합니다.

권대봉(고려대 교육학과 교수) 고맙습니다.

손병두(서강대 총장) 이배용 총장님께서 말씀하신 글로벌 시대에 대학의 사명, 이것이 학생들을 교육하는 입장에서는 우리 학생들을 정말로 글로 벌 시대에 리더가 될 수 있는 인재로 길러 내야 한다는 것입니다. 그러기 위해서 대학마다 여러 가지 노력을 합니다. 다문화를 접하게 하기 위해서 밖으로 내보내기도 하고 학생들을 들어오게 하기도 하고 이렇게 여러 가 지를 하는데, 아까 김우창 교수님도 말씀하셨지만 미국 중심으로 세계화 가 되고 있기 때문에 지금 유럽 대학들도 미국식으로 많이 따라가고 있습 니다. 그리고 유럽에는 에라스무스 프로그램이라고 해서 학생들이 다른 대학을 가게 되면 지원을 해 주는 제도가 있는데, 저는 우리나라도 국가 적 차원에서 이와 같은 대대적인 지원이 있어야 한다고 생각합니다. 미국 도 학생들을 대량으로 내보내는 계획을 정부에서 세우고 있지 않습니까? 우리도 정부가 중심이 되어 많은 학생들을 밖으로 내보내서 다양한 문화 를 체험하고 경험할 수 있는 프로그램을 만들도록 대학에서 정부에 건의 도 해야 되지 않겠나 생각합니다. 왜냐하면 이는 대학 자체만의 노력으로 는 어느 정도 한계가 있다고 생각하기 때문입니다.

권대봉(고려대 교육학과 교수) 고맙습니다. 현재천 교수님께서는 경쟁이라 는 것은 자연의 법칙이다. 피할 수 없는 것이다. 선의의 경쟁을 하는 것이 바람직하다. 이어서 손병두 총장님께서는 대학이 경쟁할 수 있도록 정부 가 나서주는 것이 마땅하다고 말씀을 하셨습니다. 사실 유럽의 27개국은 미국 MIT에 대항하기 위해서 유럽공과대학을 창설하기로 합의를 했습니 다. 그래서 이것은 하나의 학문 공동체적인 성격을 띠는데, 이와 같이 미 국 대학과 경쟁하기 위해서 유럽 27개국이 힘을 합해서 공과대학을 설립

229

하는 것은 손병두 총장님의 주장을 뒷받침하는 사례라고 생각을 합니다. 뿐만 아니라 그동안 경쟁해 왔던 일본의 8개 공과대학이 연합해서 내년에 슈퍼 대학원을 만들겠다고 발표를 했습니다. 이렇게 대학 경쟁력을 높이기 위해서 세계 각국이 분주하게 움직이고 있기 때문에 우리도 그냥 앉아 있을 수는 없을 것 같습니다.

다음 논제로 넘어가겠습니다. 물론 대학 경쟁력과 관계가 있습니다만, 이상적인 산학관 모형 및 지식 전달 체계에 대해서 손병두 총장님께서 모두 발언을 해 주시겠습니다. 시간이 모자란 관계로 빨리 진행할 수 있도록 도와주시기 바랍니다.

손병두(서강대 총장) 제가 오늘 이 자리에서 서게 된 까닭은 아마 제가 기업의 경험과 대학 경험을 동시에 가지고 있기 때문이라고 생각합니다. 이렇게 기회를 주신 고려대학에 감사를 드립니다.

먼저 제가 기업에 있었기 때문에 기업의 입장, 산업계 입장에서 말씀드리겠습니다. 사실 제가 산업계에 있을 때는 대학에 대한 불만이 굉장히 많았습니다. 학생들을 신입 직원으로 뽑을 때 면접도 하고 교육도 맡아서 하는 가운데 경험해 보면, "정말 이렇게 밖에 못 기르는가?" 이런 불만이 있었습니다. 어느 기업의 회장님께서는 "기업은 리콜 제도가 있는데, 왜 대학은 리콜 제도가 없는가?" 이런 정도로 불만을 나타내기도 했습니다. 2006년 경총에서 조사한 신입 사원 관련 통계를 보면 재교육 기간이 20.3 개월, 재교육비는 1인당 6,218만원이 들어간다고 합니다. 연수에 막대한 비용이 투입됩니다. 신입 직원을 뽑아서 아버지 이름이나 주소를 한자로 써 보라고 하면 못 쓰는 학생들이 많이 있습니다. 그리고 전문 지식에 대한 것도 상당히 심각합니다. 지금 대학의 교과 과정은 산업 현장과 유리되어 있습니다. 2007년 직능원 조사를 보면 기업의 인사 담당자의 40.7%,

신입 사원 당사자들의 65.4%가 대학 교육이 기업의 요구와 크게 괴리되어 있다고 답변하고 있습니다. 또한 기업에서 입사 때 인성 테스트를 해 보는데 점점 갈수록 학생들의 실용적인 전문 지식은 있을는지 모르나 인성 교육면에서 많이 부족한 것을 느끼고 있습니다. 사실 기업에도 문제가 있습니다. 대학에 대해서 이렇게 요구만 하고 비판만 하지만, 기업으로서도 인력 양성의 공동 책임자로서 관심을 가지고 투자를 했느냐 하는 점을 반성해 볼 필요가 있습니다. 지금 기업의 R&D 투자 중에 대학 지원 비중을 보면 2% 전후에 불과합니다. 2000년에 2.4%, 2002년에 1.9%, 2004년에 2.07% 이런 정도의 미미한 투자를 가지고 대학을 나무랄 수 있겠느냐 이런 생각이 듭니다. 또한 대학에 대해서 구체적이고 명확하게 우리에게 이러한 Needs가 있다는 것을 제대로 전달했느냐는 것을 생각해 볼 때 기업 측에 문제도 있다고 봅니다. 그리고 저도 기업에 있을 때 대학에서 Internship을 받아 줄 수 있겠느냐는 요구가 왔을 때, 사실 기업은 계속 바쁘게 돌아가기 때문에 Internship 학생이 오는 것을 업무적 측면에서 상당히 기피하는 입장이었습니다. 그래서 대학생들의 현장 학습 체험 기회를 기업은 별로 환영하지 않으면서도 대학을 비난하는 면이 있고, 또 산학협동 프로그램의 필요성을 알면서도, 구체적으로 연구나 교육에서 서로 연계 관계나 협력 관계가 부족하지 않았나 생각이 됩니다.

제가 대학과 기업을 경험한 입장에서 비교해 보면 사회 환경 변화 속도에 비해서 대학은 굉장히 느리게 변화하는 집단이라고 느껴집니다. 앨빈 토플러도 고속도로 상에서 기업은 100마일 속도로 달리는데, 대학은 10마일 속도로 달린다고 지적을 한 바가 있는데, 아마 미국 대학 기준으로 그렇다고 하면 우리 한국은 1마일 속도로 달리고 있지 않는가, 그렇게 속도감이 없다고 느껴집니다. 그리고 수요자 중심의 교육을 강조하며 그런 이야기를 대학 안에서 많이 하지만, 현장에 적합한 인재를 양성하는 커리

231

큘럼은 미흡합니다. 그리고 맞춤형 교육 프로그램을 확대하자고 하면서도 실질적인 노력과 변화가 미흡합니다. 산학 협력단을 설치한 대학이 333개(2006년 기준)에 이를 정도로 여러 가지 노력을 하고 있습니다만, 그것 가지고는 상당히 미흡하다고 느껴집니다. 그리고 대학이 보유하고 있는 기술을 산업화하여 생산성 제고에 기여하게 하는 시스템도 미흡합니다. 대학 보유 특허의 양적, 질적 수준을 보면 대학의 특허 등록 건수가 전체의 1.4%에 불과하고, 2004년 대학의 기술 이전율을 보면 미국이 27.2%, 캐나다가 41.7%인 데 비해, 한국은 13.6%에 불과합니다. 그래서 이러한 상황을 놓고 보면 정말로 대학이 기업에 대해서 과연 잘하고 있는가 하는 반성이 앞섭니다. 제가 이와 비슷한 토론에 나간 적이 있는데, "왜 세계 100대 랭킹에 서울대학 하나만 들어가 있느냐, 우리 대학들은 뭐하고 있느냐, 그렇게 경쟁력이 떨어져도 되느냐" 이런 지적을 듣고 제가 항변을 한 적이 있습니다. "왜 대학만 그렇게 야단을 칩니까? 정말 선진국 수준의 투자와 그만큼 자율성을 주고 동일한 조건을 놓고 우리 대학이 외국 대학과 경쟁을 한다면 과연 우리 대학이 지겠습니까?" 이런 내용이었습니다. 우리 대학들은 여러 가지 규제에 묶여 있고, 투자가 굉장히 열악하고, 대학에 대한, 특히 사립대학에 대한 정부의 지원은 OECD 평균에 비해서 아주 형편없이 낮은 그런 상황에서 과연 우리가 경쟁에서 이길 수 있겠느냐, 이런 문제가 주어져 있습니다.

또 대학과 노동 시장의 연계 강화를 위한 지원 정책은 대단히 미흡하다고 느껴집니다. 기업이 대학에 연구 투자와, 교육 투자를 할 때 세제 지원은 거의 없는 상황입니다. 그리고 정부와 기업이 함께 하는 소위 BK를 보면 주로 관리 위주로 운영하는 반면, 성과나 효율 쪽으로 하지 않고 있습니다. 산업 협력 평가 시에도 교육부에서 규모만으로 평가하지, 효율성 면에서 평가하는 것 같지 않습니다. 교육부에서 지금 추진하고 있는 기술지주회사 역시 관리 위주로 한다면 제대로 운영이 되겠느냐 하는 걱정이 앞섭니다.

　지금까지 제가 기업과 대학과 정부 이 세 부분의 문제점과 현황을 살펴봤는데, 앞으로 바람직한 산학관 모형 및 지식 전달 체계를 만들기 위해서는 각자 서로 탓만 하지 말고 함께 노력해 가는 시스템이 있어야 한다고 생각합니다. 비록 제가 어떤 시스템이라고 이야기를 하지 못하겠습니다만, 그렇지 않고서는 굉장히 어려우리라 생각합니다. 기업은 대학에 대해서 적극적으로 자신의 Needs를 전달하고, 대학에 대한 투자를 확대하는 노력을 해야 하며, 대학은 대학대로 산업계의 요구에 부응할 수 있는 교과 과정을 혁신적으로 개편해야 될 것입니다. 그런데 과연 우리 대학들이 그러한 사회적인 Needs에, 또 산업계 Needs에 맞도록 교과 과정을 개편할 수 있겠느냐, 조금 전에 우리 한 총장께서도 미국 하버드대학 커리큘럼 개편에 대해 말씀하셨는데, 이런 것에 대해서 우리 대학이 어느 정도 노력하고 있느냐, 그리고 대학에서 개발한 R&D 기술 개발을 산업계에 이전하기 위해서 우리가 어느 정도 노력하고 있느냐, 이런 반성이 앞섭니다. 그래서 대학과 기업이 오늘과 같은 Open Debate를 통하거나, 협력 체계나 그것을 위한 기구를 만들어서 서로 의사소통하고 서로의 요구를 전달할 수 있는 시스템이 있어야 되겠습니다. 그러면 그것을 누가 해 줄 것이냐, 물론 대학과 기업이 함께 할 수 있겠지만, 그렇게 하기 위해서는 경제 단체 같은 곳에서 도와줄 필요가 있다고 봅니다. 무엇보다도 정부가 그 중간에 서서 그것을 촉진하도록 하는 것이 바람직하리라고 생각합니다. 정부가 산학관 네트워크를 강화하기 위해서 특단의 대책을 강구하고 대학과 기업을 함께 아우를 수 있는 그런 시스템을 만드는 데 노력해야 된다고 생각합니다. 그리고 조금 전에 이야기했지만 대학에 대폭적인 재정 지원을 하지 않는 한 대학에서 연구 개발한 기술이 산업계에 이

전되기는 굉장히 어렵습니다. 대학이 정부 용역도 하고 기업의 용역도 하지만 그런 식보다는 정말 대폭적인 정부의 재정 지원 정책이 있어야 한다고 생각합니다. 이와 함께 대학에 대한 자율성을 제고해야 합니다.

　앞으로의 과제를 몇 가지만 말씀드리겠습니다. 첫째 산업계의 수요 파악을 어떻게 효과적으로 할 수 있을 것인가, 둘째 어떻게 하면 산업의 수요를 대학이 효과적이면서 신속하게 커리큘럼으로 반영할 수 있을 것인가, 셋째 산업의 수요를 어떻게 R&D 프로젝트로 소화할 수 있을 것인가, 마지막으로 정부는 기업이 대학에 투자를 할 수 있도록 세제상의 어떤 인센티브를 줄 수 있을 것인가 등이 논의되고 해결되어야 합니다. 정부와 기업이 대학에 대하여 공동 연구 프로젝트를 위한 투자를 확대하고 최소한 프로젝트 관리는 대학의 자율에 맡기는 것이 필요하다고 봅니다. 그리고 지금 정부도 이를 인식해서 지난 5월 10일 산학관 협력을 위한 공동간담회를 개최했고 오는 12월 7일에는 2차 간담회를 개최한다고 합니다. 간담회를 하는 것까지는 좋은데 그 뒤에 후속 프로그램의 진전이 없다는 것이 문제인 것 같습니다. 구체적으로 어떤 Action Plan을 만들기 위해서는 함께 머리를 맞대는 상설화된 추진 시스템이 있어야 합니다. 대학과 기업과 정부의 대표가 함께 머리를 맞대고 진솔하게 논의하는 그런 시스템을 만들어야 합니다. 교육부가 하기 어려우면 대통령 직속으로 위원회를 만들어 강력하게 추진해야 한다고 생각합니다.

권대봉(고려대 교육학과 교수) 감사합니다. 손병두 총장님께서 '이상적인 산학관 모형 및 지식 전달 체계'라는 주제에 대해 모두 발언을 해 주셨습니다. 지식 전달 체계와 새로운 학문적 소통과 융합이 매우 긴밀한 관계에 있기 때문에 현재천 교수님께 모두 발언을 먼저 부탁드리고, 이 두 주제에 대해서 패널리스트들께서 주제를 정해서 토론해 주시면 고맙겠습니다.

현재천(고려대 교수) 마지막 주제인 새로운 학문적 소통과 융합에 대해서 제가 가능한 한 빨리 말씀을 드리겠습니다. 저는 부문별로 자세하고 구체적인 내용에 관한 학문적 소통 융합보다는 개념을 우리가 어떻게 이해하고 응용하느냐가 중요하다고 생각합니다. 그것이 비단 우리나라의 대학뿐만 아니라 세계대학이 직면하고 있는 과제 중의 하나이고, 특히 21세기에 복잡하게 전개되는 사회적, 문화적 상황에서 지극히 당연한 일로 보이는 과제입니다. 다시 말해서 우리가 하나의 세계 공동체로 되어야 하는 피할 수 없는 환경과 또 같은 경제 시장 원리 밑에서 같은 생존의 명제를 가지고 사는 그런 환경 속에서 보편타당한 문화적 가치를 유지하는 것이 문명의 유지와 생존에 필요하기 때문에 학문적 소통과 융합은 지극히 당연한 일이라고 생각을 합니다. 즉 학문적 소통과 융합은 미시적으로 볼 것이 아니고, 거시적인 관점에서 보아야 된다고 생각한다는 것입니다. 이는 인류 문명적 차원의 문제이고, 우리가 여러 가지 과제를 생각할 수 있는데, 그것들은 21세기에 어디를 가도 비슷합니다. 왜냐하면 이것이 바로 21세기 문명의 필수 과제이고 소위 말하는 agenda이기 때문입니다. 이 agenda가 세계 어느 곳에서도 비슷하다는 것은 모든 지식인이 이를 공감하고 있다는 것입니다. 이런 과제를 살펴보면 환경적인 문제, 국제 금융과 국제간 무역과 같은 거시경제학적인 문제, 의학 제약 등 인류의 건강과 생명에 관련된 과제, 인류 문명의 지속과 관련된 에너지의 지속적 공급, 다시 말해 화석 연료 및 각종 대체 연료처럼 인류 문명을 이끌어 가는데 필요한 재료를 어떻게 생산·제조하는가의 문제, 그리고 인류가 생활을 건강하게 즐기기 위한 모든 문화의 제품들을 어떻게 공급하느냐와 같은 것들이 있습니다. 저는 이런 문제들을 이해하고 해결하려는 학문적 노력을 하기 위해서는 대학의 교육과 연구의 내용이 크게 하나가 되어야 한다고 생각합니다. 이것은 연구 과제가 단일화 되는 것이 아니라, 문명적

차원에서 요청되고 있기 때문 필요합니다. 그렇다면 이 문제의 목표를 생각해야 되는데, 대학인들의 과제가 구체적인 결과와 혜택을 사회에 가져오기 위해서 필요한 것이 분명한 목표 설정이라고 생각합니다. 제가 말씀드린 것처럼 문명적 통찰력을 가진 지도자를 강조하고 싶은데, 문명적 통찰력을 갖춘 지도자를 양성하는 일과 이를 통해서 문명의 부가가치를 지속적으로 생산하는 일을 목표로 내세우고 싶습니다. 부가가치라는 것이 반드시 경제적으로 이익을 추구한다는 뜻이 아니고, 바로 문명에서 인간이 이룩하는 가치의 총체적인 이름이 부가가치입니다. 그것이 GDP가 될 수도 있고, 문화의 유산이 될 수도 있기 때문에 이런 것을 어떻게 대학의 학문적 소통과 융합하느냐는 것이 그 목표라고 생각하고, 아까 말씀드린 대로 이것이 바로 21세기 인류 문명의 필수적인 agenda라고 생각을 할 때, 교육과 연구의 내용이 크게 하나가 되어야 된다고 생각합니다. 참고로 제가 최근에 관여하고 있는 스탠포드대학의 예를 한 가지 말씀을 드리면, 스탠포드대학이 작년 9월에 스탠포드 챌린지라는 5년 동안의 모금 계획을 발표했습니다. 목표는 43억불이고, 발표 시점에서 반이 달성되었습니다. 그것은 특별히 이상한 일은 아니고, 항상 모금 계획이 실패하지 않기 위해서 대개 반액을 달성한 후에 계획을 공식 발표하기 때문에 현재 22억불이 모금이 되어 있는 상태입니다. 이런 스탠포드대학의 스탠포드 챌린지라는 프로그램에는 세 가지 이니셔티브가 있습니다. 첫 번째가 인간의 건강에 관한 것, 두 번째가 환경과 에너지와 지속 가능성에 관한 것, 세 번째가 세계 평화와 안전에 관한 것입니다. 결국 세 가지가 모두 인류 문명의 포괄적 가치를 추가하는 내용이고, 21세기 문명의 agenda입니다. 다시 말해서 이 세 가지로서 학문의 소통과 융합이 저절로 된다는 것입니다. 물론 인문과학과 사회과학, 자연과학과 공학이 여러 가지 구체적으로 부문별로 목표하는 바가 다를지 모르지만, 이런 이니셔티브는 이를 통해 문명적인 차원에서 모두 하나가 되고 노력을 같이할 수 있는, 근본적으로 문명의 혜택을 가지고 오는 계획이라는 생각이 듭니다. 그래서 오늘의 마지막 주제인 학문적 소통과 융합은 거시적인 관점에서 볼 때 너무나도 당연하고, 우리 모두가 거기에 일원으로 참여할 때 우리 국가는 물론이고 전 세계 문명에 크게 기여할 수 있는 계기가 되리라 생각합니다.

권대봉(고려대 교육학과 교수) 고맙습니다. 현재천 교수님께서 문명적 통찰력을 가지고 새로운 학문적 소통과 융합을 해야 된다는 말씀을 해 주셨습니다. 이 두 주제에 대해서 김우창 교수님 간단히 말씀을 해 주시기 바랍니다. 시간이 얼마 없어서 죄송합니다.

김우창(고려대 명예교수) 말씀하신 것과 관련해서 저는 기업에 있는 사람이 아니라 대학에 있는 사람이기 때문에 늘 기업에서 학생들을 공짜로 데리고 간다는 생각을 했습니다. 졸업하면 전부 기업에 가서 일을 하니까 기업에서 돈을 좀 내야 하는데 적극적으로 하는 운동을 하셨으면 좋겠습니다. 학생들이 대학에서 제대로 훈련을 안 받고 오는 경우가 많다고 했는데, 이것도 기업에서 돈을 충분히 내면 많이 해결될 것이라고 생각합니다. 돈은 각자 주머니에서 내고 국가에서 내는 데 반해, 인원은 전부 기업에서 쓰기 때문에 사실은 기업 부담이 더 많아야 된다고 생각합니다. 기업이 투자할 때 어떤 특정한 경제적인 목적이나 산업, 기술공학을 위해서 투자하는 경우도 있지만, 일반적인 목적을 위해서도 투자해야 됩니다. 과거에는 미국 대학에서 밖에서 돈이 들어오면 그걸 직접적으로 어떤 부서와 계약하지 못하게 하고 학교에 넣었다가 학교에서 자유롭게 사용하도록 했습니다. 그렇지 않으면 학문의 자유를 침해한다고 생각했기 때문입니다. 지금은 많이 달라졌죠. 그런 의미에서 반 정도는 자유롭게 사용할 수 있

게 해야 된다는 생각입니다. 그리고 아까 말씀에 기업에서 대학생들에게 가지고 있는 불만이 기술적인 정보가 부족하다는 점도 있겠지만 인간적으로 수련이 안 되었다고 하셨는데, 이를 바로잡으려면 자유로운 목적을 위해서 투자하는 돈을 많이 증대시켜야 된다는 생각입니다. 스탠포드대학 이야기가 많이 나왔는데, 스탠포드대학에서 돈을 제일 많이 쓰는 부분이 인문과학이라고 했습니다. 그러니까 스탠포드라고 해서 과학 기술 분야에 돈을 제일 많이 쓰는 것이 아니라는 것입니다. 우리가 생각하는 바와는 상당히 다르게 느껴집니다. 그러니까 이런 것을 너무 일률적으로 생각하면 곤란하다는 생각입니다. 즉 첨단 기술을 발전시키기 위해서 투자한다고만 생각하면 곤란하고 다른 여러 가지 것이 있다는 생각을 해야 합니다. 또 우리나라에서는 tenure 제도라든지 교수 논문 심사 제도라든지 이런 것을 강행해서 교수 질을 향상시킨다고 하는데, 캠브리지대학에 tenure 제도가 없는 것으로 알고 있습니다. 그러나 소위 랭킹에서 세계적으로 캠브리지대학은 늘 1~2등에 들어갑니다. 얼마 전에 나온 것도 보면 하버드, MIT, 캠브리지가 자연과학 부문에서 1등으로 되어 있습니다. tenure 제도가 없는 캠브리지의 사례를 통해 대학 발전이 늘 기계적으로 외부적인 제재에 의해서만 이루어진다고 생각하면 곤란하다는 느낌이 듭니다. 그리고 아까 현재천 선생님의 "문명 사회적인 관점에서 모든 것을 보아야 된다"는 말씀은 옳습니다. 그런데 문명 사회적인 관점에서 보려면, 동시에 대학이 지나치게 어떤 특정한 분야에만 투자를 한다든가 특정한 분야의 기술적인 발전을 위해서만 노력을 하면 안 된다는 생각이 듭니다. 스탠포드에서 돈을 40억불 이상 많이 모은다고 그러는데 거기에서 주된 목표로 설정하고 있는 건강의 향상이라든지 환경 문제의 해결이라든지 인류 평화의 공헌이라든지 이런 것은 과학 기술적인 문제가 아닙니다. 물론 그것도 들어가겠지만, 거기에 들어 있는 것은 인간적인 가치의 문제라고 할 수 있습니다. 그러니까 역시 로티 교수가 이야기한 것처럼 스탠포드에서 인문과학을 혁신하기 위해서 돈을 많이 쓴다는 것이 맞는 말이라고 할 수 있습니다. 그래서 종합해서 생각하면 대학이 모든 문명에 다 신경을 써야 합니다. 저는 정부에서 지나치게 프로그램, 프로젝트를 만들어서 연구비를 배분하는데 상당히 불만을 가지고 있습니다. 정부에서는 자유롭게 대학 전체가 발전할 수 있도록 후원을 해야 되고, 학교에서도 한쪽에 치중되지 않도록 주의해서 발전을 하도록 해야 된다는 이런 생각입니다.

권대봉(고려대 교육학과 교수) 김우창 교수님께서 인문학의 근본성과 대학의 자율성을 강조해 주셨습니다. 이배용 총장님 말씀해 주시기 바랍니다.

이배용(이화여대 총장) 손병두 총장님, 산학 간의 관계는 총장이 연구비를 수주하고 기업의 투자를 확보하는 것이 대학 경쟁력의 잣대라는 점에서 매우 중요합니다. 그래서 기업과 대학이 좀 더 상호 호혜적인 협력체계를 좀 더 효과적인 시스템으로 구축해야 합니다. 기업의 인재는 결국 대학에서 양성해서 배출하기 때문에 기업은 단기적인 것뿐 아니라 미래를 향해 투자해야 하며, 대학은 손 총장님 말씀하신 수요에 대한 것을 상당히 많이 반영을 하는 등 둘의 성실한 협력이 필요하다고 봅니다. 현재천 선생님의 학문적 소통과 융합, 문명적 통찰력은 저도 적극적으로 지지를 합니다. 그런 속에서 결국 학문적 소통과 융합은 공간적인 소모, 경제적인 소모, 시간적인 소모를 줄일 수 있다고 생각합니다. 이를테면 인문과학에서 이미 다 연구가 된 것을 자연과학 분야에서 그 사실을 전혀 모르고 하는 경우가 허다하며, 용어 소통과 방법론의 문제들이 서로 간에 장벽을 쌓아 놨기 때문에 많은 소모가 있었습니다. 저는 이러던 것이 소통과 융합이 되

면 여러 가지 지식의 순환 효과가 극대화되리라고 보고, 문명적 통찰력과 함께 시대적 통찰력에서 문명의 방향을 잡아주는 역할에서도 큰 효과를 내지 않을까 하는 생각을 합니다. 저희 대학에서 학술원을 설립한 것도 그러한 부분이 앞으로 대학이 가야 할 또 하나의 방향이라는 인식 때문이었고, 많은 석학들이 여기에 참여하면서 이 과제를 해결해 가고 있습니다. 우리 대학의 어떤 과학하는 교수님이 곤충의 더듬이를 가지고 휴대폰 안테나 만드는 것을 하나의 예로 들겠는데 이와 같이 산학협동하는 것 등이 모두 학문적인 소통에서 중요한 과제라고 생각합니다.

권대봉(고려대 교육학과 교수) 고맙습니다. 한승주 총장님 말씀해 주시기 바랍니다.

한승주(고려대 총장) 두 가지 구체적인 제목을 이야기해 보겠습니다.

하나는 산관학 협력의 입장에서도 그렇고, 학문적 입장에서도 그렇고, 교육과 연구에 있어서도 지금까지 discipline(훈육) 중심이었는데, discipline based(훈육에 기반을 둔 것으로부터) 된 것으로부터 problem 중심으로 될 필요가 있지 않은가 생각합니다. 물론 모두를 바꾼다는 것은 아닙니다. 예를 들면 지금도 말씀을 하셨습니다만, 기후의 문제라든지 환경의 문제, 핵 확산의 문제, 보건의 문제 등 이런 것들은 discipline 차원에서가 아니라 undiscipline 차원에서 다루어야 할 문제들이고 그런 면에서는 우리가 교과 과정에서도 강조의 balance를 조금 더 취하는 것이 좋지 않을까 하는 생각을 합니다. 얼마 전에 호주 대학에 갔었는데 거기에서 solar energy research center 겸 교육 센터가 있었습니다. 그 곳에는 여러 전공을 가진 사람들이 있었는데, 그것이 학문적인 협력, 통섭의 전형이 되는 것처럼 보였습니다.

두 번째 문제는 지원을 하는 데 있어서 '산'쪽의 지원이든, '관'쪽의 지원이든 간에 이것이 조건부가 되어 있고 또 그 조건이 특히 적절성이 없을 때 문제가 되는 것 같습니다. 예를 들어서 지금 BK프로젝트라든지 HK프로젝트라든지 이런 것이 너무나 자율성 없이 까다롭게 조건이 지정되어 있을 뿐만 아니라 또 그것이 학교 운영의 다른 측면과 연계가 되어 있습니다. 예를 들면 입학 정책을 따르지 않았다는 이유로 해서 BK지원금이 줄어든다는 것은 학문 발전에 도움이 되지 않을 뿐만 아니라 비생산적인 것입니다. 이로 인하여 비판하지 못하고 그냥 마지못해 받아들이는 관행들을 우리가 타파해야 될 때가 아닌가 라고 생각합니다.

권대봉(고려대 교육학과 교수) 고맙습니다. 사실은 산학관이 dependent한 관계보다는 independent하는 관계, 그리고 independent한 관계보다는 interdependent한 관계가 더 바람직하다는 것이 손병두 총장님의 말씀인 것 같습니다. 그리고 그와 더불어 새로운 학문적 소통도 inter-discipline이 되어야 잘 이루어지리라 생각합니다. 또한 대학이 자율적으로 성장할 수 있고 대학이 책무감을 다할 수 있도록 하는 것이 선진국의 추세인데, 우리가 세계 무역 11대 대국이면서도 아까 한승주 총장님이 말씀하셨지만, IMD 발표에 의하면 60개국 가운데 대학 경쟁력이 59위라는 것은 자율성도 제대로 발휘하지 못하고 책무성도 제대로 발휘하지 못한 것 아닌가 이렇게 진단될 수 있겠습니다. 모두 발언을 하신 손병두 총장님과 현재천 교수님 발언 은 floor의 질문에 답변하실 때 같이 해 주시면 고맙겠습니다.

시간이 많이 경과되었습니다만, floor의 질문을 받고, 그 질문에 답하시면서 마무리 발언을 해 주시면 좋겠습니다. 지금 질문 신청이 먼저 들어와 있습니다. 우선 학부모님 질문부터 받도록 하겠습니다. 김용운 학생 학부

모님 여기 계십니까? 가셨어요? 제가 진행을 잘못해서 그런 것 같습니다. 그러면 김지형 교수님! 공과대학 건축사회환경과학 전공 김지형 교수님 계십니까?

[질문자] 김지형 교수 말씀 잘 들었습니다. 경쟁에 관해서 한 가지 말씀을 드리고, 대학 사회의 모습에 대해서 말씀을 듣고 싶은데, 현재 이루어지는 경쟁이 사실 대학 간에, 그러니까 주어진 같은 평가 기준에 따라 대학 간의 순서를 정하는 경쟁입니다. 그런데 사실 따지고 보면 이것이 가장 바람직하지 못한 경쟁입니다. 본질적으로 따져 보면 대학 간에 주어진 잣대에 의해서 순서를 정하는 경쟁이 아니라 앞서 말씀하신 대로 미래 사회에서 필요로 하는, 혹은 우리가 생각하는 진정한 사회의 가치, 이런 것에 대한 경쟁을 해야 되는 것이 바람직하지 않느냐고 생각합니다. 그런 면에서 대학 사회가 앞으로 모색해야 할 자체적인 패러다임이랄까 그런 데에 대해서 총장 선생님들이나 패널로 참여하신 선생님들께서 가지고 계신 생각을 여쭈어 보고 싶습니다.

권대봉(고려대 교육학과 교수) 마무리 발언 때 함께 답변 드리는 것으로 하겠습니다. 고대신문사 주간이신 문과대학 김진원 교수님 계십니까?

[질문자] 김진원 교수 대한민국을 대표하는 석학 선생님 여러 분을 한자리에 모시고, 더욱이 현직에 계시는 총장님 세 분이 이렇게 긴 시간 동안 한 자리에 있다는 것이 참 보기 드문 일인데, 아주 의미 있는 토론이라고 생각됩니다. 짧게 질문 드리겠습니다. 과학 기술의 발전이 이론에 그치지 않고 실생활에 활용되면서 교육의 행태도 다양화되었습니다. 예를 들면 유비쿼터스라는 개념이 실용화되면서 정해진 공간이나 또는 특정인과의

얼굴 맞댐이 없이도 교육이 가능해졌고, 정보를 공유하거나 정보에 접근하는 방식도 다양해졌을 뿐만 아니라 끊임없이 개선·진행되고 있어서 이것을 따라가기도 숨 가쁜 실정입니다. 어떻게 보면 근원적인 핵심보다 주변적 기능이 더 높은 가치로 평가되는 것이 아닌가 하는 염려도 됩니다. 이러한 가치 혼돈, 혹은 가치 전도의 위험이 도사리고 있는 현실 속에서 지성인 혹은 지식인의 모습이 어떠해야 하는가의 논의도 절실히 필요하다고 생각됩니다. 교육을, 설정된 이상적인 인간의 표상을 구현하기 위한 방법이라고 생각할 수도 있다고 하면, 그 이상적인 인간상이 오늘날의 현실에서 어떠한 모습이어야 하는지에 대한 말씀을 듣고 싶습니다.

권대봉(고려대 교육학과 교수) 특정인에 대한 질문입니까?

[질문자] 김진원 교수 그게 가능하다면 김우창 선생님께 듣고 싶고, 한승주 총장님께도 듣고 싶습니다.

권대봉(고려대 교육학과 교수) 답변할 때 참고 하겠습니다. 그 다음에 학생들이 신청했는데, 국제학부 인도 학생입니다.

[질문자] 인도 학생 안녕하십니까? 말씀 잘 들었습니다. 그리고 제가 질문할 것이 하나 있습니다. 세계적으로 제일 좋은 대학을 꼽으면 미국 대학교들이 제일 먼저 나옵니다. 스탠포드나 하버드나 이런 데가 나옵니다. 글로벌 어필이 있기 때문입니다. 글로벌 언어인 영어를 가지고 있기 때문입니다. 저는 우리 아시아 대학교들이 그런 글로벌 어필 언어가 없기 때문에 낮은 순위에 랭크되어 있다고 생각합니다. 여러분들은 어떻게 생각하십니까?

권대봉(고려대 교육학과 교수) 일반적인 질문이죠? 감사합니다. 버지니아에서 교환 학생으로 온 크리스 학생?

[질문자] 크리스 국제화를 추진해 나가는 과정에서 현재 한국의 많은 학생들이 외국으로 나가고 있습니다. 이러한 과정이 지속되다보면, 한국의 우수한 학생들이 모두 외국으로 가고 한국에 남아있지 않게 되는 문제가 생길 우려는 있지는 않나요?

권대봉(고려대 교육학과 교수) 다른 분 질문 있습니까?

[질문자] 김재윤 학생 정경대학 정치외교학과 김재윤이라고 합니다. 대학 교육의 기본 철학 부분에 대해서 이야기하고 싶은 것이 있습니다. 대학의 기본 철학에 대해서 이야기하시는 것을 듣다 보니까 출교 문제를 생각하게 되었습니다. 지난 4월에 고려대학교에서 7명의 학생들이 출교된 적이 있습니다. 그리고 얼마 전에 그에 대한 법원 판결이 나왔는데요. 법원에서는 이것에 대해 "학생들이 무리한 요구를 하지 않았고, 보건대학생들이 투표권을 요구한 것이 무리한 요구가 아니었고, 더불어 출교 조치가 비교육적인 조치였다. 그리고 절차상의 문제가 있다"라고 하면서 출교 조치의 무효 판결을 냈습니다. 대학 교육의 기본 철학 문제를 이야기하시면서 이배용 이화여대 총장님께서는 역지사지에 대해서 이야기를 하셨고, 손병두 서강대 총장님께서는 지혜와 덕성, 너그러움에 대해서 이야기하셨습니다. 이런 면에서 대학 교육의 기본 철학적인 면에서 고려대학교 당국에서 항소 조치를 내린 것이 옳은 것인지 그것을 정확하게 판단할 수 없습니다. 그래서 한승주 고려대학교 총장님께서 이것이 옳다고 생각하시는지 그리고 대학 교육의 기본 철학에 적절하다고 생각하시는지 질문을 드리고 싶습니다.

권대봉(고려대 교육학과 교수) 글쎄 그 문제가 지금 여기에서 다루는 문제에 비추어 적절한지, 또한 그것이 진행 중인 상황이기 때문에 여기서 논의하는 것이 적절한지에 대해서 판단하기 어렵습니다. 질문에 대한 답변 겸해서 마무리 발언을 해 주시면 고맙겠습니다. 김우창 교수님부터 해 주시겠습니다.

김우창(고려대 명예교수) 대학에서 배출한 인간이 어떤 종류의 사람이어야하는가에 대한 미래상에 대해서 물어보셨는데, 우리가 미래를 생각하지않아도 대학에서 나올 수 있는 사람은 어떤 사람이어야 한다는 것을 이야기할 수 있습니다. 아까부터는 인문주의적 가치를 강조했는데, 그것은지나치게 인문주의적이라는 느낌이 듭니다. 사실 과학에도 있습니다. 과학이나 인문과학에서 공통된 것은 객관적인 엄밀성을 가지고 사물을 보는태도입니다. 이것은 인문과학이나 자연과학이나 다 공통된 이야기입니다.객관적인 태도를 가지고 사물을 본다는 것은 도덕적으로 본다는 이야기입니다. 그러니까 과학적으로 이야기하면 일관된 법칙 속에서 사물을 본다는 것인데, 도덕적인 관점에서 이야기하면 자기 일관성을 지킨다는 말입니다. 바로 데카르트가 생각한 것이 일관성의 문제입니다. 거짓말이 많으면자기 일관성을 못 지킨다는 이야기입니다. 과학적인 연구에 있어서 증거를잘못 만든 것은 자기 일관성을 지키지 못한 것으로 볼 수 있으며, 논리적일관성·법칙적 일관성을 지키지 못한 것입니다. 그러니까 미래상을 생각하지 않더라도 대학에서 제대로 공부를 하면 지적인 훈련을 통해서 자기절제, 도덕적인 태도, 과학적인 태도를 동시에 배우게 된다고 생각할 수있습니다. 앞으로 이것이 잘 되겠느냐에 대해서는 우리 사회 전반이 나아질 것을 기대할 수밖에 없을 것 같습니다. 손 총장님이 대학에서 온 사람들이 기업에 들어왔을 때 실망을 갖게 된다는 말씀을 하셨는데, 이것은

대학의 잘못이지만 우리 사회의 전체적인 잘못이라고 할 수 있습니다. 요즘 신문을 보면 매일 나오는 것이 사기라든지 거짓말에 관한 것들인데, 이런 것들이 전부 보통 사기꾼에 의한 것이 아니라 우리의 지도자가 될 사람들과 관련된 것도 있습니다. 또 기업에서는 대학에서 교육을 잘못했기 때문이라고 말할 수 있는데, 기업은 잘하고 있느냐 하면 요즘 삼성에 관해서 나오는 신문 보도를 보면 기업도 그런 사람들에 의해서 지배되고 있습니다. 전체적으로 우리나라에서 과학적인 교육이나 인문적인 교육이나 이런 것들이 지금까지는 실패했다고 볼 수 있습니다. 그것은 도덕적인 교육이 실패했다고 볼 수도 있지만, 가장 기본적으로 자기 일관성을 유지하고 법칙적 일관성을 유지하고 사물을 제대로 보는 훈련을 전혀 하지 못했다는 이야기입니다. 앞으로 이를 고치기 위해서는 대학만이 아니라 사회 전체가 참여해야 합니다. 대학에서 공부하고 나간 사람들이 다 사기꾼 비슷하게 되는 것은 대학만의 책임이 아닐 것입니다. 그러니까 앞으로 우리 사회가 이런 문제에 대해서 보다 신경을 쓰고 또 그것이 대학 교육에서 중요한 항목이 되어야 한다고 생각합니다. 저는 특히 대학 교육이 중요하다고 생각합니다. 어떤 사회의 도덕적인 입장이라는 것은 많은 사회에서 종교에 의해서 유지되고 있습니다. 그런데 우리나라처럼 국교가 없는 곳에서 도덕적인 기준 또는 과학적인 엄밀성의 기준 이런 것을 지키고 그러한 태도를 하명할 수 있는 것은 대학뿐이라고 생각합니다. 그래서 다른 나라에서는 도덕적 기준 또는 자기에 대한 엄밀성, 세계에 대한 엄밀성을 지키는 훈련이 여러 사회 기구를 통해서 이루어지는 데 비해서 우리나라에서 담당할 수 있는 곳은 대학뿐이라고 생각합니다. 그러니까 지금 제대로 되어 가지는 않지만 대학에서 보다 더 엄밀한 과학적 교육, 엄밀한 인문적 사고를 훈련시켜야 된다고 생각합니다. 그러면 앞으로 좀 더 나은 인간이 한국 사회에 나오지 않을까 그런 생각이 듭니다.

권대봉(고려대 교육학과 교수) 손병두 총장님 말씀해 주시기 바랍니다.

손병두(서강대 총장) 저는 사실 오늘 많은 것을 배웠습니다. comment할 그런 입장은 아닙니다만, 저는 미래 사회에 대해서 대학이 무엇을 해야 되느냐, 우리 김 교수님의 질문에 대해서 경쟁 문제에 관한 생각을 해 본 적이 있습니다. 대학의 교육이라는 것은 가치 지향적이라고 생각합니다. 우리 학생들에게 어떠한 discipline을 해야 하는가에 대해서 김우창 교수님께서 말씀하신 대로 저는 학문의 수월성을 추구하는 가운데 discipline이 이루어져야 한다고 생각합니다. 그래서 학생이 cheating을 못하게 한다든지, 학사 관리를 엄격하게 해야 된다고 생각합니다. 또 여러 가지 교수님들이 연구할 때 정말로 엄밀성을 가지고 객관성을 가지고 연구하는 모습, 또 스승으로서의 그런 모습 속에서 자연스럽게 discipline을 하는 것이 우리 대학에서 해야 할 일입니다. 대학이 어떤 가치를 내세울 것이냐, 그것은 제가 앞에서 이야기했듯이 남과 더불어 할 수 있는 공동체 의식을 가지게 해야 한다는 것입니다. 그래야 우리 학생이 사회에 나와서 사회의 Leader가 되고 세계적인 Leader가 될 수 있지 않겠느냐 생각합니다. 그러므로 학문의 수월성을 통해서 discipline을 배우고 그 다음에 남과 함께 하고 남을 위해 활동을 할 수 있는, 즉 봉사의 삶을 살 수 있는 학생을 기르면 되지 않을까 생각합니다. 그리고 저는 대학 간의 경쟁이 결코 나쁘다고 생각하지 않습니다. 경쟁하고 평가하는 요소가 잘못되어 있다면 고치면 될 것이고, 아까 말씀하신 미래 사회 가치를 더 넣어야 한다면 그런 것을 더 넣어서 평가를 해야 할 것입니다. 그렇게 하면서 대학이 경쟁을 통해서 발전하도록 유도해야 한다고 생각하고, 그런 면에서 저는 경쟁의 긍정적인 측면을 더 강조하고 싶습니다.

권대봉(고려대 교육학과 교수) 이배용 총장님!

이배용(이화여대 총장) 대학 미래 사회에서 맡아야 할 역할은 변화가 빠르게 진행되고 있기 때문에 시대의 변화를 빠르게 읽어서 문명을 선도하고, 역사 발전의 중심축이 되는 것이라고 생각합니다. 또 한편으로는 이 변화하는 시대에 경쟁력을 확보하는 것은 당연하지만, 이와 함께 우리가 잃어버리는 것이 무엇인가 하는 양축을 잡는 일도 중요하다고 생각합니다. 전통과 미래를 상호 조명하고, 변화 속에서 버려야 할 것도 있겠지만 개혁과 혁신 속에서도 놓치지 말아야 될 것의 가치를 잡아 줘야 한다고 생각합니다. 이것이 가장 중요한 이유는 대학이 차세대 Leader, 전문인을 양성하는 기관이기 때문입니다. 학문적으로나, 정서적으로나 환경적으로나, 가치적으로 실제 인간의 삶을 질을 높이고, 학생들에게 더불어 살아가는 세상의 순리를 가르치면서 맑은 영혼을 갖출 수 있게 유도하여야 합니다. 학생들의 시야를 넓게 해 주고 깊이 있는 성찰들을 함께 아울러 줄 수 있는 역할을 하는 동시에 학문적이고 객관적인 증거에 따라 진실, 성실 이런 것들을 이루어 낼 수 있는 대학 교육의 틀이 필요하다고 생각합니다.

권대봉(고려대 교육학과 교수) 한승주 총장님 말씀해 주시기 바랍니다.

한승주(고려대 총장) 아까 질문하신 것 중에 대학이 맡고 있는 학생들의 인격 형성과 관련된 역할이 있었는데, 분명히 그런 책임과 역할이 있습니다만, 지금 대학의 가장 중요한 역할은 지식 기반 사회에서 그 지식을 어떻게 다룰 것인가를 정하는 것이라고 생각합니다. 지식학자, 미래학자라고 할 수 있는 Peter Drucker라는 사람은 knowledge 자체보다는 어떤 지식을 아느냐는 것이 더 중요하다는 말을 했습니다. 저는 거기 덧붙여서

knowledge를 어떻게 활용하느냐는 것이 중요하다고 생각합니다. 따라서 적어도 교육적 측면에서 학생들에게 어떤 지식을 알게 하고, 그것을 어떤 방법으로 알아야 하며, 어떻게 활용하느냐 하는 것을 가르치는 것이 학교의 가장 중요한 기능이 아닌가 생각합니다. 아까 외국 분이 학교 랭킹을 정하는 기준에 대해서 말씀하셨는데, 그것이 지금 확실히 미국과 영미계통 대학들에게 유리하게 책정된 것이 사실이지만, 그 랭킹이 설득력이 없는 것은 아닙니다. 학교들의 연구 실적이나 교육 실적, 또는 학교가 자신이 속해 있는 사회를 위해서, 더 나아가 세계를 위해서 어떤 역할을 하는가 하는 면에서 좋은 랭킹을 갖는 학교들이 그만큼 좋은 학교에 coincide하는 것은 사실이라고 생각을 합니다. 최근에 미국에서 survey가 있었는데, '미국의 resource 중에 가장 가치 있는 resource가 무엇인가'라는 질문을 했다고 합니다. 그런데 아까 현재천 교수께서 말씀하셨지만 미국사람들의 93%가 미국의 대학들이라고 대답을 했다고 합니다. 미국의 천연 resource도 아니고 정치 체제도 아니고 대학이라고 했다는 것은 대학의 가치를 인정한 것이라고 볼 수 있습니다. 이는 두 가지를 의미하는데, 하나는 미국의 대학들이 그러한 역할을 하고 그러한 가치를 발휘하고 있다는 사실이고, 또 하나는 미국 사람들이 그것을 인정한다는 것입니다. 그런데 우리의 경우에는 아까 김우창 선생님이 말씀하신 대로 '대학은 특권층을 만들어 내는 기관이다'라는 관념과 함께, '대학이 사회에 어떤 기여를 하는가?'라는 것에 대한 인식이 너무 없다고 생각합니다. 그래서 이런 측면을 개선하기 위한 국민 교육이 필요하지 않을까 하는 생각을 합니다. 아까 영어로 질문하신 분이 표현은 안 했지만, 아마 전에는 많이 이야기하던 Brain drain의 문제를 언급한 것 같은데, 과거에 우리도 이에 관하여 굉장히 걱정을 했던 것이 사실입니다. 과거 외국에 유학을 가서 금방 돌아오지 않고 대학에 있거나 또는 산업체에 간다든지 그랬던 분들이

전부 다 drain이 되지 않고 돌아와서 혹은 돌아오지 않은 상태더라도 사회에 큰 도움이 되었습니다. 지금 이렇게 빠져나가는 것은 우리 사회에 보탬이 되면 되었지 손해가 되는 것은 아니라고 생각 합니다. 아까 어떤 학생이 출교 문제 말씀을 하셨는데 간단하게 거기에 대해서 이야기를 하면, 질문하신 분이 1심의 판결을 조금 잘못 설명했는데, 거기서 이야기했던 것은 '절차가 잘못되었다. 또 처벌의 강도가 과도했다.'라는 것이었습니다. 판결문에서도 학생들이 교수들을 감금하고 잘못된 행동을 했다는 것은 확실히 인정하고 있습니다. 이런 상황에서 항소하지 않는 것은 반성을 전혀 하지 않는 사람에게 면죄부를 주는 것이나 마찬가지이고, 이것은 교육적으로도 이 사람들의 행동을 묵과하는 뜻과 마찬가지이기 때문에 절차를 다시 하여 이 문제에 대하여 우리가 대응하는 것이 교육적으로나 도의적으로나 사회 윤리적으로나 모든 면에서 가장 적절한 것이라고 생각을 하였습니다. 또한 만약, 여기에서 학생들이 아무런 처벌도 받지 않고 반성도 하지 않고 일이 지나간다면 본인들한테도 좋지 않은 메시지가 될 것이며, 나머지 학생들 사회 전체에도 좋지 않은 메시지가 될 것이라고 생각합니다.

권대봉(고려대 교육학과 교수) 현재천 교수님 말씀해 주시기 바랍니다.

현재천(고려대 교수) 제목이 Open Debate여서 그런지 모르겠지만, 인문·사회과학과 자연과학, 그리고 공학을 넘나들며, 실용성과 진리 추구의 개념에 대해 다양한 측면에서 상대적으로 말씀을 많이 하셨습니다. 여기서 우리가 공감하는 것은 '그것이 다른 것이 아니라 하나의 가치를 위한 두 개의 수레바퀴이다.'라고 생각합니다. 다시 말해서 문명이 굴러가려면 수레바퀴가 있어야 되는데 큰 수레바퀴가 두 개 있으면 제일 좋겠지만, 작은 것이라도 같은 사이즈로 두 개가 있을 때 수레가 굴러가는 것이지 하나가 크고 하나가 작으면 굴러갈 수 없는 것처럼, 균형을 가지고 동시에 전체를 망라해서 프로그램을 만들어야 한다는 것입니다. 김우창 교수님께서 말씀하신 스탠포드대학의 경우도 세 가지 이니셔티브를 가지고 과학이나 공학에만 투자하겠다는 것이 아니고 전체를 망라해서 프로그램을 만든다는 것이었습니다. 그래서 그것은 마치 우리 뇌가 왼쪽, 오른쪽이 있어서, 하나는 감성을 나머지 하나는 논리를 담당하는 것과 같고, 물리학에서 빛을 파동이면서도 입자라고 보는 이중성과도 같은 것입니다. 이를 학문적으로 다이카터민이라는 개념으로 이야기하는데, 이것이 사실 문명에서 중요하고, 저는 그런 면에서 대학 교육을 문명과 연결시켜서 생각할 때 중요한 하나의 논리, 우리 생각의 기초가 나올 수 있다고 생각합니다. 끝으로 한 가지 말씀을 드리면, 아무도 거론을 안 하셨지만 저는 개인적으로 인문 과목을 아주 좋아하는 사람입니다. 그래서 제가 따로 경제도 공부해서 경제도 가르치고 있고, 역사도 아주 좋아하는 사람인데 요사이 소위 신문지상이나 여러 매체에서 중국이 한국의 역사를 왜곡하고 있고, 또는 일본이 한국의 역사나 한국 존재의 일멸을 추구한다는 보도를 접할 수 있습니다. 이런 현실적인 상황에서 우리가 분명히 알아야 될 것은 지금의 상황이 100년 전과 여러 면에서 유사하다는 사실입니다. 그래서 대학이 지금 해결해야 할 또 하나의 중요한 과제라고 생각하고, 특히 지식인이 공부해서 밝혀야 하는 책무라고 생각하는 것이 중국과 일본 사이에서 우리나라가 존재하기 위해 세계에 한국에 대한 인식을 분명하게 해야 한다는 것입니다. 이는 우리의 책무이자 또 피할 수 없는 역사적인 사명이라고 생각합니다. 그런데 현실적으로는 한국과 중국이 이와 관련된 이야기를 국제무대에 나가서 할 때 대부분이 중국 이야기를 듣고, 또 일본하고 한국이 같은 이야기를 하면 일본 이야기를 듣습니다. 이것은 중국과 티

251

베트가 이야기할 때 한국이 중국 편을 들고, 일본과 필리핀이 어떤 논쟁을 할 때 우리가 일본 편을 드는 것과 마찬가지입니다. 이는 엄연한 사실 관계, 논리나 정의를 떠나서 이루어지는 현실입니다. 우리는 이런 역사적인 상황을 인식하고 대학이 지도자를 양성하는데 있어서, 인문적 소양을 길러 주는 데 힘을 써야 하겠습니다. 아까 제가 문명적 통찰력을 말씀드렸는데, 역시 역사적인 인식을 잘하는 인문에 기반을 둔 국제 경쟁력이 진정한 국제 경쟁력이라고 생각하기 때문입니다. 특히 저는 공학이나 과학을 하는 학생들에게 인문적인 소양을 키워 주는 것이 매우 중요하다고 생각합니다. 이것이 국가 경쟁력의 기본이 되고, 그 결과가 문화의 유산으로 나오는데, 중요한 문제는 그 문화유산을 어떻게 우리가 부가가치로 바꾸어서 이러한 문명의 혜택으로 잘 살 수 있겠느냐에 있다고 생각합니다. 저는 문제가 여기에 있는 것이지 사실은 그 두 가지가 상충하는 것은 아니라고 생각합니다. 끝으로 제가 그 말씀을 드리고 싶습니다.

권대봉(고려대 교육학과 교수) 고맙습니다. 오랜 시간 동안 패널리스트와 floor에서 대학의 이념과 비전에 대해서 고뇌를 해 보았습니다. 세계 각국들이 고등 교육 혁신을 통해 대학 경쟁력을 높여서 국가 경쟁력에 이바지하려고 노력하고 있습니다. 만약 우리가 무역 제도를 고쳐서 대외 경쟁력을 올리려고 하면 많은 국가에서 시비가 들어옵니다. 그렇지만 대학 경쟁력을 높여서 국가 경쟁력을 높일 때는 아무런 시비도 없습니다. 그만큼 우리 대학의 경쟁력을 높이는 것이 중요한데, 대학 경쟁력의 두 수레바퀴는 인문·사회과학과 자연과학이고 진리 탐구와 실용 탐구 두 가지가 아닌가 하는 의견이 나왔습니다. 작년도 OECD 통계에 의하면 한국의 4년제 대학 졸업자의 취업률이 56%에 불과합니다. 44%는 대학을 졸업하자마자 실업자가 되는 상황입니다. 이런 상황에서 우리 대학들이 어떤 특성 있는 교육을 할 것인가 선택을 해야 될 것 같습니다. 우리 대학은 어떠한 경우에도 시간적 생명력과 공간적 영향력을 잃어서는 안 됩니다. 그래서 대학이 시간적 생명력과 공간적 영향력을 발휘하기 위해서 우리 대학인들이 자성하고 고뇌하고 그리고 새로운 미래를 만들기 위해서 노력해야 될 것 같습니다.

　이제까지 패널로서 모두 발언을 해 주시고 발표를 해 주신 김우창 고려대학 명예교수님, 손병두 서강대학 총장님, 이배용 이화여대 총장님, 한승주 고려대학 총장님, 현재천 고려대학 교수님께 감사의 말씀을 드리고, 이 토론회를 후원해 주신 조선일보사와 SBS에 감사드립니다. 더불어 끝까지 자리를 지켜 주신 여러분께 감사를 드리면서 제1회 KU Open Debate를 마치겠습니다. 감사합니다

저자 소개

고려대학교 권대봉(權大鳳) 교수 Korea University Prof. Dae-Bong Kwon, Ph.D

고려대학교에서 교육학을 전공하고 쌍용그룹에서 8년간 일한 후, Michigan Vocational Education & Career Education Resource Center에서 조교로 근무하면서 1989년에 미시간주립대학교에서 철학박사학위(Doctor of Philosophy in Adult & Continuing Education)를 받았다.

서울대 · 고려대 · 연세대에 출강했고, 미시간주립대 교육행정학과 · 국민대 교양과정부 · 고려대 교육학과 교수로 재직했다. 미시간주립대 국제전문인과정(VIPP) Founding Director, 고려대학교 사회교육원장 · 교육대학원장 · 사범대학장 · 교육문제연구소장, 한국인력개발학회장, 한국평생교육학회장, 한국지역인적자원개발학회장을 역임했다.

교육인적자원부 주요업무평가위원회 위원장, 노동부 직업능력개발전문위원회 위원, 한국직업능력개발원 제5대 원장, 2017 대한민국 인재상 중앙심사위원회 위원장을 지냈다.

세계은행 Sri Lanka Skills Development Project 컨설턴트와 방글라데시 재무부 Skills for Employment Investment Program의 정책국제자문역(International Policy Advisor)으로 개발도상국 발전에 참여했고, ASEM LLL Research Network에서 활동하고 있다.

창작집으로 〈글로벌 인재의 조건〉과 〈청와대의 격〉이 있다.

권대봉 교수의 교육칼럼
교육대통령, 말은 쉽지만

초판발행	2018년 2월 23일
지은이	권대봉
펴낸이	안종만
편 집	김효선
기획/마케팅	이선경
표지디자인	권효진
제 작	우인도 · 고철민
펴낸곳	(주) **박영사**
	서울특별시 종로구 새문안로3길 36, 1601
	등록 1959. 3. 11. 제300–1959–1호(倫)
전 화	02)733–6771
f a x	02)736–4818
e-mail	pys@pybook.co.kr
homepage	www.pybook.co.kr
ISBN	979-11-303-0562-2 03300

정 가 16,000원